中小学课本里的名人传记丛书

鲁　迅

冯化志　编著

国际文化出版公司
·北京·

图书在版编目（CIP）数据

鲁迅 / 冯化志编著. -- 北京：国际文化出版公司，
2019.12（2023.6重印）
ISBN 978-7-5125-1109-5

Ⅰ.①鲁… Ⅱ.①冯… Ⅲ.①鲁迅（1881-1936）—
传记 Ⅳ.①K825.6

中国版本图书馆CIP数据核字(2019)第046500号

鲁　迅

编　　著	冯化志
责任编辑	赵　辉
统筹监制	杨　智
策划编辑	孙金山
美术编辑	丁鍏煜
出版发行	国际文化出版公司
经　　销	国文润华文化传媒（北京）有限责任公司
印　　刷	永清县晔盛亚胶印有限公司
开　　本	880毫米×1230毫米　　　32开
	6.5印张　　　　　　　140千字
版　　次	2019年12月第1版
印　　次	2023年6月第3次印刷
书　　号	ISBN 978-7-5125-1109-5
定　　价	28.00元

国际文化出版公司
地　　址：北京朝阳区东土城路乙9号　　邮　编：100013
总编室：(010) 64270995　　　传　真：(010) 64270995
销售热线：(010) 64271187　　　传　真：(010) 64271187-800
E-mail：icpc@95777.sina.net

"中小学课本里的名人传记丛书" 前言

我们的中小学课本中,涉及很多古今中外的、各个领域的历史名人,他们在思想、政治、军事、文学、艺术、科技等方面,以超人的智慧、卓越的才能,极大地推动了人类文明的发展,为我们留下了许多宝贵的精神财富、物质财富。探索他们的成长历程,我们就会发现:虽然他们的生活年代、成长过程各不相同,但是他们一生中所表现出的积极进取、顽强拼搏等优秀品质是大致相同的。他们是人类的骄傲,是青少年的榜样。

为此,我们推出了这套"中小学课本里的名人传记丛书",精选了一些有代表性的历史名人,例如中国的孔子、屈原、李冰、秦始皇、汉武帝、司马迁、蔡伦、王羲之、祖冲之、唐太宗、李白、欧阳修、苏轼、岳飞、王阳明、徐霞客、曹雪芹、詹天佑、孙中山、梁启超、鲁迅、毛泽东、邓小平、钱学森等,以及外国的达·芬奇、莎士比亚、牛顿、达尔文、马克思、门捷列夫、顾拜旦……以他们的成长历程、人生发展为线索,采用富有启发性的小故事来表现他们,而不是进行冗长的说教性论述,以便使广大青少年读者产生阅读兴趣、共鸣,进而得到启发。

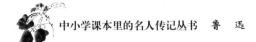

同时需要说明的是：本套丛书不是学术性著作，所以不做学术性研究、论证；对于如徐霞客等生平资料较少的人物，为了使作品有血有肉、人物形象丰满，其故事叙述具有一定的合理虚构。

榜样的力量是无穷的，我们相信：青少年通过阅读这套"中小学课本里的名人传记丛书"，不仅能加深对课文的理解、增加知识，而且能开阔自己的视野，找到自己的理想追求！

目　录

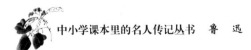

少年苦乐

从小就喜欢读书

1881 年 9 月 25 日（农历八月初三），鲁迅出生于浙江绍兴城内东昌坊口新台门的周家。

当这个刚降生的男孩还来不及吃第一口奶，嘴里便被大人们塞进五种奇怪的东西，第一是醋，第二是盐，第三是黄连，第四是有刺的钩藤，最后才是甜滋滋的糖。

这是绍兴的习俗，意思是如果从小尝尽了酸甜苦辣，长大了以后便能够勇敢面对人生中遇到的各种苦难。

周家祖上原来住在湖南道州，本来都是种地的普通农民，后来不断发家致富，有了很多土地，就成了当地的大地主。再后来迁居到绍兴，到鲁迅这一辈已经是第十四代了。

鲁迅的祖父周福清，字介孚，正在京城做官。当孙子出生的喜讯传到他的耳朵里时，恰好有一位姓张的高官来访，于是祖父就给他取了个乳名叫阿张，学名是樟寿，字豫山。可是后来发现，豫山的发音和雨伞接近，容易引起笑话，也不太好听，于是就改为豫才了。

鲁迅的父亲周伯宜，是位秀才，长期闲居在家。鲁迅的母亲鲁瑞，思想颇为开通，出身于绍兴近郊安桥头一户官宦人家，没念过书，但以自学达到能够看书的程度。

在绍兴，周家是一门望族，做官经商且都不说，单是人丁的兴旺，就相当可观。所以到鲁迅出世的时候，周家已经分居三处，彼此照应，俨然是大户了。

绍兴城并不大，像周介孚这样既是翰林，又做京官的人，自然能赢得一般市民的敬畏。周家门上那一钦点"翰林"的横匾，明白无误地宣告了周家的特殊地位。这就使鲁迅获得了穷家小户孩子所无法享受的条件。家里四五十亩水田，就是周福清不从北京汇钱回来，日常生计也是绰绰有余，足以将贫困赶得远远的。

鲁迅出生的年月正处于清朝统治即将瓦解的时期，保守落后的古老中国，被外国列强侵略，处于风雨飘摇之中。主宰了中国两千多年的封建统治就要走到尽头，在中国大地上正酝酿着新旧时代的大交替。

鲁迅家庭的境况正如清朝的统治，在一步一步地走向衰败，其辉煌已经成为历史，但是还没有完全破落。

鲁迅家的住宅是一所聚族而居的朝南大宅院，一进大门，走过铺着石板的天井，就是一个挂着"德寿堂"匾额的大厅，两旁的柱子上，还写着一副对联："品节泽明德行坚定，事理通达心气和平。"

从大厅进去，是一方天井。再往里走，北面有几间狭小的楼房，这是鲁迅一家的住所。楼下西边的一间，是鲁迅的祖母和保姆长妈妈居住的房间，东边的那一间，用木板隔开，前半间是吃饭和会客的地方，后半间就是鲁迅父母的卧室。

鲁迅小时候很调皮活泼，他的曾祖母不苟言笑，小孩子都很怕她。可鲁迅却故意从曾祖母面前走过，假装跌跟头倒在地上，引得老太太惊叫："哎呀！阿宝，衣裳弄脏了！"这时鲁迅才满意,才不闹了。

周家是讲究读书的,周介孚有过让儿孙考取翰林的想法,也想在门上悬挂"祖孙父子兄弟叔侄翰林"的匾额,可见那种书香人家的气氛相当浓厚。

鲁迅家中有两只大书箱,从《十三经注疏》和《二十四史》,到《王阳明全集》和章学诚的《文史通义》,从《古文析义》和《唐诗叩弹集》,到科举专用的《经策统纂》,甚至还有《三国演义》和《封神榜》那样的小说,都堆在其中。

不但自己家里有书,众多亲戚本家中不少人也藏书甚丰。而且不单是那些枯燥难懂的正经书,更有许多是小孩子非常喜欢的好玩的书,从画着插图的《花镜》,到描写少男少女风情的《红楼梦》,几乎什么都有。

虽然《花镜》是一本介绍育花、养花知识的书,但是写得特别有趣,鲁迅因此特别喜欢读这本书。而且他越读越爱读,遇到看不懂的地方,他会向别人请教。入迷的时候,他还会捧着书来到庭院,对照着鲜花,检验书中所讲述的理论。

但他觉得总是去亲戚家看书不太方便,于是他开始把零用钱都节省下来。直至攒够了两百文钱,他便跑到书店,自己买了一本《花镜》。

买到书后,鲁迅经常捧着书在灯下细细品读。即使夜深了,也舍不得放下书本。后来为了检验栽花的理论,他还亲自动手在院子里种植各式各样的花。

对于那个时代小孩子来说,能够日日读书,还能用压岁钱买自己喜欢的书来读,这是很难得的。

鲁迅不仅喜欢看《花镜》一类的科普书,还喜欢看有图画的故事书。但是故事书在当时被看作"闲书",在私塾里是不允许阅读的。有一次,鲁迅就因看一本《儿童世界》而差点被私塾先生责打。

可越是这样,鲁迅探求故事世界的好奇心就越强烈了。

儿时受到严格教诲

鲁迅聪明伶俐,很受长辈的称赞。他五岁的那一年正月,过年的时候大人们在厅里打牌,有一位长辈看他可爱,就逗他说:"你喜欢哪一个人打赢?"

鲁迅的回答很是出人意料。他说:"我喜欢大家都赢。"一句话引得大家都笑起来,连连称赞他,叫他"胡平尾巴"。这是一句绍兴话,意思是短小灵活,敏捷利落。

鲁迅的祖父周介孚,虽然脾气有些暴躁,有时候要打骂孩子,但是在教鲁迅读书这件事上,却显得相当开通。那时一般人家的孩子,开蒙总是直接就读四书五经,让一个六岁的孩子天天去念"学而时习之",他会多么痛苦。

周介孚让鲁迅先读历史,从《鉴略》开始,然后是《诗经》,再后是《西游记》,都是选小孩子比较感兴趣的书。即使读唐诗,也是先选白居易那些比较浅白的诗,然后再读李白和杜甫的,这就大大减轻了鲁迅启蒙时的苦闷。

在祖父的指点下,鲁迅读了《西游记》《水浒传》等小说,以及其他许多古典诗词。祖父给鲁迅兄弟规定了读诗的次序：初学先诵白居易诗，取其明白易晓，味淡而永；再诵陆游诗，志高词壮，且多越事；再诵苏轼诗，笔力雄健，词足达意；再诵李白诗，思致清逸。

在祖父的影响下，鲁迅除读了《诗经》外，还读了《楚辞》，以及陶潜、李白、李贺、李商隐、温庭筠、苏轼、陆游、黄庭坚等人的诗。

祖母更是特别疼爱鲁迅，每每在夏天的夜晚，让鲁迅躺在大桂树下的小饭桌上，摇着芭蕉扇，在习习的凉风中给他讲故事，什么猫是老虎的师父啦，什么许仙救白蛇啦，鲁迅直至晚年，还清楚地记得当时的兴味和惬意。

鲁迅的父亲周伯宜是个很有才华的秀才，他对鲁迅的管教很严厉，同时也很深沉。他家教虽严，却从不打小孩子。

鲁迅在《朝花夕拾》的那一篇《五猖会》中，记过父亲的一件事，就是在鲁迅快乐的童年时，偏偏逼他去背书。可实际上，周伯宜平时对儿子们的读书，监督得并不紧，常常很宽容。

那次鲁迅偷偷买回来一本《花镜》，被父亲发现了，他又害怕又绝望，因为这属于闲书，一般人家都不许小孩子看的。他心里想："糟了，这下子肯定要被没收了！"孰料，周伯宜翻了几页后，一声不响地还给了他，这使他喜出望外，从此就放心大胆地买闲书，再不用提心吊胆，像做贼似的了。

至于母亲鲁瑞，对鲁迅的挚爱就更不必说了，几个孩子当中，她最喜欢的就是鲁迅。

从人情来讲，父母总是爱子女的，可由于中国人祖传的陋习,这种父母之爱竟常常会演化成对幼小心灵的严酷摧残。

在鲁迅的散文《五猖会》中,记载了他七岁时看五猖会的情形。农历五月一日,是休宁县海阳五猖庙会之日。届时,四乡的百姓云集海阳烧香,祈求五猖神主驱鬼祛邪,消凶化吉。庙会游行,前引锦旗开路,执事沿途管理杂役。青白黑红黄绿蓝各色旗子飘扬,十景担、肃静牌、万民伞、纸扎猪马牛羊偶像、牌楼跟上,接下来的是地方戏队伍、杂耍队伍。

五猖庙会起源于明初。朱元璋和陈友谅在皖南曾打过几年拉锯战,军士百姓死亡很多。朱元璋做了皇帝后,下令江南百姓村村建"尺五小庙",阵亡士卒"五人为伍",受百姓供奉。《明史》记皇家祭祀有"阵前阵后神祇五猖"之说。如此世代相传,便衍成香火极盛的五猖神庙会。

这一年要到东关看五猖会去了,这是鲁迅儿时所罕逢的一件盛事,因为那会是全县中最盛大的会,东关又是离他家很远的地方,出城还有六十多里的水路。

因为东关离城远,大清早大家就起来。昨夜预订好的三艘明瓦窗的大船,已经泊在河埠头,船椅、饭菜、茶炊、点心盒子,都陆续搬下去了。鲁迅笑着跳着,催他们要搬得快。忽然,工人的脸色严肃起来了。鲁迅知道有些蹊跷,四面一看,原来父亲就站在他的背后。

"去拿你的书来。"父亲慢慢地说。

这所谓"书",是指鲁迅启蒙时候所读的《鉴略》。七岁时,鲁迅就被父亲送进私塾,跟远房的叔祖父周玉田学习《鉴略》。这位老人藏书很多,像绘图本的《山海经》和《毛诗鸟兽草木虫鱼疏》这些印着奇花异草、飞禽走兽的书，最令鲁迅神往。

但是鲁迅的祖父认为孩子上学，应该先有一些历史知识作为基础，所以要鲁迅读的书，头一本就是《鉴略》。鲁迅的祖父常说，这比读《千字文》《百家姓》有用得多，因为可以知道从古到今的大概。

此时，鲁迅忐忑着，拿书来了。可是《鉴略》里的文字有些深奥，鲁迅开始读的时候，一个字都不懂。

父亲让他同坐在堂中央的桌子前，教他一句一句地读下去。鲁迅担着心，一句一句地读下去。

两句一行，大约读了二三十行，父亲说："给我读熟。背不出，就不准去看会。"他说完，便站起来，走进房里去了。

鲁迅似乎被从头上浇了一盆冷水。但是，自然是读着，读着，强记着，而且要背出来。

应用的物件已经搬完，家中由忙乱转成静肃了。

在百静中，鲁迅似乎头里要伸出许多铁钳，将什么"生于太荒"之流夹住；也听到自己急急诵读的声音发着抖，仿佛深秋的蟋蟀，在夜中鸣叫似的。

他们都等候着，太阳也升得更高了。

鲁迅忽然似乎已经很有把握，便站了起来，拿书走进了父亲的书房，一气背下去，梦似的就背完了。

"不错。"父亲点着头说，脸上带着一丝不易察觉的微笑，他站起身说，"好吧，去看五猖会。"

于是大家同时活动起来，脸上都露出笑容，向河埠走去。工人将鲁迅高高地抱起，仿佛在祝贺他的成功一般，快步走在最前头。

　　但是鲁迅却并没有他们那么高兴。开船以后,水路中的风景,盒子里的点心,以及到了东关的五猖会的热闹,对于他似乎都没有什么大意思了。

　　后来鲁迅一想起这件事,还诧异父亲何以要在那时候叫他来背书。虽然父亲的爱是严酷的,但正是这种严酷的爱,以及祖父的严格教诲,使鲁迅在少年时代就已经博览群书,具有相当高的文化素养,为他日后创造我们民族的文学艺术高峰,打下了很好的基础。

养成爱护书籍习惯

　　在鲁迅的童年生活中,有一个人给鲁迅留下了极为深刻的印象,这个人就是和他长期相伴的长妈妈。可以说,长妈妈的一举一动、一言一行都对鲁迅产生了极大的影响。

　　长妈妈和小鲁迅朝夕相处,她是一个勤劳、朴实、善良的农村妇女,有许多迷信观念和烦琐的礼节。

　　她经常和小鲁迅一起玩有趣的游戏,给他讲各种各样的故事,小鲁迅也总是睁着大大的眼睛认真地听着。长妈妈讲的故事总是那么吸引人,比如美女蛇的故事,太平天国的传说,她都能讲得活灵活现,绘声绘色,这点很吸引小孩的兴致。

　　正是因为长妈妈给他讲了太平天国的故事,才使年幼的鲁迅对当时诬蔑太平天国的宣传产生了怀疑。

有一次,鲁迅从远房叔祖玉田老人那里听说,有一部叫《山海经》的书,画着人面的兽、九头的怪物等,可惜那本书不知放在哪里,当时没有找到。

　　这么一部有趣的书,可把鲁迅给吸引住了。他整天都念念不忘,梦寐以求,把长妈妈也感动了。虽然长妈妈并不认识字,但对小鲁迅念念不忘的东西还是记在了心上。

　　后来,长妈妈探亲回来了。一见面,长妈妈就把一包书递了给鲁迅,高兴地说:"哥儿,有画儿的'三哼经',我给你买来了!"长妈妈误将"海"记成了"哼"。

　　听到这消息,鲁迅一时间高兴得不知所措,全身都颤抖了。他赶紧把包接过来,打开一看,啊!多么怪诞和神奇的世界:人面的兽,龙头的蛇,独角的牛,三脚的鸟,还有那掉了头还"以乳为目,以脐为口"、拿着盾牌与斧头狂舞的怪物"刑天"。鲁迅不禁再一次陶醉在美妙的世界中。

　　从此,长妈妈送的这本《山海经》便成为了鲁迅最为心爱的宝物。他总是小心翼翼地翻看着,看完后再小心地包起来,放好。一直到了晚年,鲁迅对这件事仍记忆犹新。

　　《山海经》是鲁迅最初得到的最心爱的书之一。后来,随着年龄的增长,鲁迅认识的字也渐渐多起来,他就自己攒钱买书。每逢过年,鲁迅得到长辈们的压岁钱后,总是舍不得花,攒到一起,留着买书看。

　　鲁迅小时候,不仅酷爱读书,而且还喜欢抄书,他抄过很多很多的书。抄书这一习惯,使他受益终生。他的记忆力出奇的好,读过的书经久不忘,这与他抄书的爱好是密不可分的。

他最初抄写的是古文奇字,就是把《康熙字典》里所列的所有古文奇字,全都抄写下来。到后来当他把抄写的这些古文奇字订在一起的时候,竟然订成了整整一大册。紧接着他又抄写《唐诗叩弹集》中描写梅花或者桃花的诗句……

就是在这样不断地抄写中,鲁迅受到了很深的文学熏陶。同时,他也真的抄出许多"故事"来。

他常常把这些抄出来的"故事"讲给自己的弟弟们听。有趣的是,他还经常把自己当作故事里的主人公。

"这一天,我又住在仙山中了,山中有天然的楼阁,山里的蚂蚁像大象一样,但是它们都听从我的命令……"

很快,这些故事就在小伙伴之间传遍了,他们都跑来让鲁迅给他们讲故事。

鲁迅小时候就对书籍特别爱护。只要书买回来,他一定要仔细地检查,一旦发现书有污迹,或者装订有问题,一定要到书店去要求调换。有些线装书很容易脱线,他就自己动手改换封面,重新装订。

看书的时候,鲁迅总是把桌子擦得干干净净,看看手指脏不脏。脏桌子上他是从来不放书的,脏手也是从不翻书的。他最恨的就是用中指或食指在书页上一折,使书角翘起来,再捏住它翻页的习惯。

鲁迅还特意为自己准备了一只箱子,把各种各样的书整整齐齐地放在里面,箱子里还放了樟脑丸,防止虫蛀。

鲁迅读过的书浩如烟海。他购置的书,仅据《鲁迅日记》上的"书账统计",1912年至1936年,就有九千多册。他收藏的书,总是捆扎得井井有条。

鲁迅一生最大的财产,就是他的这些宝贵的藏书了。小时候养成的爱书如宝的好习惯,贯穿了他的整个人生。

喜爱自然和民间文化

绍兴是我国东部近海的一座城市,也是古代文化较发达的地方之一。

这里河网纵横交错,土地肥沃,素来被称为鱼米之乡。在城郊不远处,有兰亭、鉴湖、会稽山、大禹陵等古迹,是一个风光秀丽、山清水秀的好地方。

绍兴古代被称为"报仇雪耻之乡"。两千五百多年前,春秋战国时期的越国国王勾践曾在这里卧薪尝胆,艰难地复国。后来这里又出了陆游、王思任这样有民族气节、顽强斗争的著名人物。

民间还有各式各样的戏剧演出和传说故事。乡亲们最津津乐道的是两个"鬼":一个是带复仇性的,比别的一切鬼魂更美、更强的鬼魂,即"女吊";另一个是腰束草绳、脚穿草鞋、手捏芭蕉扇、富有同情心的"无常"。

乡土传统与民间文化,深深地影响着鲁迅的一生。

鲁迅从小就表现出活泼的性格。因为外祖母家在农村,他一到外祖母家,就像一只刚出笼的小鸟,终日与小伙伴们一起玩耍。

在看完戏回家的路上,肚子饿了,小伙伴们就"偷"自家地里的豆煮了吃。那种香喷喷的味道一直留在鲁迅的记忆中。

鲁迅还在一个叫"百草园"的后园里,发现了大自然的无穷趣味——

不必说碧绿的菜畦,光滑的石井栏,高大的皂荚树,紫红的桑椹;也不必说鸣蝉在树叶里长吟,肥胖的黄蜂伏在菜花上,轻捷的叫天子(云雀)忽然从草间直窜向云霄里去了。单是周围的短短的泥墙根一带,就有无限趣味。油蛉在这里低唱,蟋蟀们在这里弹琴。翻开断砖来,有时会遇见蜈蚣;还有斑蝥,倘若用手指按住它的脊梁,便会拍的一声,从后窍喷出一阵烟雾。何首乌藤和木莲藤缠络着,木莲有莲房一般的果实,何首乌有拥肿的根。有人说,何首乌根是有像人形的,吃了便可以成仙,我于是常常拔它起来,牵连不断地拔起来,也曾因此弄坏了泥墙,却从来没有见过有一块根像人样。如果不怕刺,还可以摘到覆盆子,像小珊瑚珠攒成的小球,又酸又甜,色味都比桑椹要好得远。

草丛里鲁迅是不去的。因为长妈妈曾经给鲁迅讲过一个故事说:

先前,有一个读书人住在古庙里用功,晚间,在院子里纳凉的时候,突然听到有人在叫他。答应着,四面看时,却见一个美女的脸露在墙头上,向他一笑,隐去了。他很高兴;但竟给那走来夜谈的老和尚识破了机关。说他脸上有些妖气,一定遇见"美女蛇"了;这是人首蛇身的怪物,能唤人名,倘一答应,夜间便要来吃这人的肉的。他自然吓得要死,而那老和尚却道无妨,给他一个小盒子,说只要放在枕边,便可高枕而卧,他虽然照样办,却总是睡不着,——当然睡不着的。到半夜,果然来了,"沙沙沙!"门外像是风雨声。他正抖作一团时,却听得豁的一声,一道金光从枕边飞出,外面便什么声音也没有了,那金光也就飞回来,敛在盒子里。后来呢?后来,老和尚说,这是飞蜈蚣,它能吸蛇的脑髓,美女蛇就被它治死了。

"记住了吧?长的草里不能去。"长妈妈嘱咐鲁迅,"如果有陌生的声音叫你的名字,也万不可答应。"

这故事让鲁迅觉得做人之险,夏夜乘凉,往往有些担心,不敢去看墙上,而且极想得到一盒老和尚那样的飞蜈蚣。走到百草园的草丛旁边时,也常常这样想。

冬天的百草园没什么意思,但是一下雪可又有的玩了。最惬意的是捉鸟儿。小伙伴闰水的父亲教给鲁迅一种捕鸟的方法,他看闰水的父亲一会儿便捉住了几十只,不由得手直痒痒。可是他自己上阵一试,费了半天劲,才能捉住三四只。

于是鲁迅很纳闷地问闰水的父亲,才知道是自己太急躁了。

闰水还经常把自己身边发生的许多新鲜事情讲给鲁迅听,什么稻鸡、鹁鸪、蓝背,还有夏天在海边拾贝壳,红红绿绿的,五彩斑斓。更有趣的是晚上和大人一起去看西瓜地,拿一把胡叉,神气地守在地头,看到狡猾的猹出来咬瓜了,便用力一刺……鲁迅因此向往着那个广博而充满活力的乡土世界。

与小朋友建立友谊

　　鲁迅十一二岁的时候,随母亲来到了乡下省亲。

　　那时,鲁迅的祖母虽然身体还好,但母亲也已分担了一些家务,所以夏天便不能多日的省亲了,只得在扫墓完毕之后,抽空去住几天。这时,鲁迅便跟着母亲住在外祖母的家里。

　　鲁迅的外祖母家在绍兴乡下,叫安桥村。这个村庄离海不远,有条小河从村中流淌而过,把全村分为南北两半。当时全村大约有三十户人家,大半姓鲁,靠种田和打鱼为生的占多数,有很少一部分人经营副业,就是做酒,并开一家很小的商店。

　　就是在这里,鲁迅见识了许多更新鲜的风景和玩法儿,看到听到了"社戏"。鲁迅感到很幸运,能有这样新奇广阔的天地。

　　因为鲁迅从城里来,算是远客和贵客,所以村里有很多小朋友得到父母的允许,减少了日常劳作的分量,尽情地陪着迅哥儿玩耍。玩的方式很有趣,比如掘蚯蚓、到河边钓虾,或是一同去放牛,而最大的乐事是看社戏。这段时光是鲁迅最快乐的童年记忆。

　　鲁迅和小伙伴们每天的事情大概就是掘蚯蚓,掘来穿在铜丝做的小钩上,伏在河沿上去钓虾。虾是水世界里的呆子,所以到不了半天便可以钓到一大碗。这虾照例是归鲁迅吃。

　　其次,鲁迅便是和小伙伴们一同去放牛,黄牛、水牛都欺生,敢于欺侮鲁迅,因此他也总不敢走近身,只好远远地跟着、站着。这时候，小朋友们便不再因为他会读书而原谅他，全都嘲笑他。

鲁迅在乡村第一盼望的事，就是到赵庄去看戏。赵庄是离平桥村五里的较大的村庄。平桥村太小，自己请不起演戏，就付给赵庄一些钱，算是合作。

鲁迅十一二岁时的一年，看社戏的日期眼看着等到了，不料从早上起就叫不到船。平桥村只有一艘早出晚归的航船是大船，没有多余的。其余的都是小船，不适用。到邻村去问，也没有，早都给别人定下了。

鲁迅的外祖母很气恼，怪家里的人不早定，絮叨起来。鲁迅的母亲便宽慰她说，我们鲁镇的戏比小村里的好得多，一年看几回，今天就算了。鲁迅急得要哭，母亲却竭力地嘱咐他说万不能这样，怕又招外祖母生气，又不准他和别人一同去，说是怕外祖母担心。

到了下午，鲁迅的朋友都去了，戏已经开场了，他似乎听到了锣鼓的声音。

这一天，鲁迅不钓虾，东西也不吃。母亲很为难，没有法子。到吃晚饭的时候，外祖母也终于觉察了，并且说外孙不高兴，他们太怠慢了，这不符合待客的礼数。

吃饭之后，看过戏的少年们也都聚拢来了，高高兴兴地来讲戏。只有鲁迅不开口，他们都叹息并且表示同情。

忽然间，一个最聪明的双喜提议说："大船？八叔的航船不是回来了么？"十多个少年也立刻撺掇起来，说可以坐这艘航船，与鲁迅一同去。

这下，鲁迅高兴了。然而外祖母又怕都是孩子，不可靠。母亲又说是若叫大人一同去，他们白天全有工作，要人家熬夜不合情理。

正当大家迟疑之时，双喜又看出底细来了，便大声地说道："我写包票！船又大，迅哥儿向来不乱跑，我们又都是识水性的！"

事实上，这十多个少年，确实没有一个不会玩水的，而且其中两三个还是弄潮的好手。外祖母和母亲也相信，便不再驳回。于是，鲁迅他们立刻一哄地出了门。

一出门，便望见月下的平桥内泊着一只白篷的航船，大家跳下船，双喜拨前篙，阿发拨后篙，年幼的都陪鲁迅坐在舱中，较大的聚在船尾。

待鲁迅的母亲出来吩咐"要小心"的时候，孩子们的船已经开了，在桥石上一磕，退后几尺，他们架起两支橹，两人一支，一里一外，有说笑的，有嚷的，夹着潺潺的船头激水的声音，在左右都是碧绿的豆麦田地的河流中，飞一般径向赵庄前进了。

两岸的豆麦和河底的水草所发散出来的清香，夹杂在水气中扑面吹来，月色便朦胧在这水汽里。淡黑的起伏的连山，仿佛是踊跃的铁的兽背似的，都远远地向船尾跑去了，但鲁迅却还感觉船慢。

他们换了四回手，渐渐地望着依稀的赵庄，而且似乎听到歌声了，还有几点火，料想便是戏台，但或者也许是渔火。那火接近了，果然是渔火。先前望见的也不是赵庄，那是正对船头的一丛松林，过了那松林，船便弯进了汊港，于是赵庄就真的在眼前了。

最惹眼的是屹立在庄外临河的空地上的一座戏台，模糊在远处的月夜中,和空间几乎分不出界限,鲁迅心中见过的仙境,就在这里出现了。

说到看戏,令幼时的鲁迅着迷的还有为了敬神禳家而演的"目连戏",要从黄昏一直演到次日天明。全戏中一定有一个恶人,由于这个恶人恶贯满盈,所以天亮的时候他的魂魄就被阎王勾走。这时候,活无常穿着雪白的衣服,一直皱着眉头,看不出是哭是笑,一出场就先打一百个喷嚏,同时放一百零八个屁。他捏着破芭蕉扇,脸朝着地,一边跳一边唱:"难是弗放者个!哪怕你,铜墙铁壁!哪怕你,皇亲国戚!"

鲁迅觉得这活泼又风趣的活无常,在各种鬼中间最富有人情味了。他的铁面无私,也令鲁迅佩服。

有时这类戏演出之前,还要由演员扮鬼王,找小孩子来扮鬼卒。于是他还和小伙伴们一起学演戏、扮小鬼。他们在脸上涂上几笔彩画,手握一杆杆钢叉跃上台去,愉快地玩耍着。

农村对少年时代的鲁迅是很有吸引力的。在这片自由的天地里,鲁迅不仅学到了许多社会知识和生产知识,还和农民家的小朋友建立了深厚的友谊,逐渐了解了农民勤劳、质朴的性格,同时也看到了旧社会阶级压迫、阶级剥削的血淋淋的事实。

鲁迅和农民的孩子常念诵的一首渔歌中,就有这样的悲惨的句子:

> 一日七升,一日八升,两日勿落,饿得发白;一日七升,
> 一日八升,两日勿落,要哭出声。

这些对鲁迅的思想产生了深刻的影响,使鲁迅知道"农民是毕生受着压迫的,受着很多苦痛,和花鸟并不一样"。

看戏得到批判意识

　　在鲁迅十三岁的那一年,因祖父下狱,他和弟弟被安排到离城有六十多里的皇甫庄大舅父的家中避难。

　　乡下的春天依然是美好的,乌泥船停满了河面,河两岸是青青的麦田,田埂上长着绿油油的罗汉豆。白天,大人们都到河里和田间劳作去了,鲁迅就和孩子们一同玩耍,或是钓鱼,或是剥着罗汉豆。

　　在皇甫庄和小皋埠这一带的农民主要的副业就是捕鱼。深夜,鱼儿都游出来了,吃食的吃食,游动的游动,捕鱼的人也在这时出动。二更以后,虾子也开始出来了。捉虾的人就划着小船,带着网兜去捞虾。天亮后,他们才吃一点冷饭团,到镇上去卖鱼虾,卖完了鱼虾才回来睡觉。

　　但凡有一点空闲时间,他们也不歇下来,而是筹划着演戏,在做戏时一显他们出色的本领。

　　在当时绍兴一带的农村里,演戏的日子简直多到数不清。正月的初九、初十是"灯头戏";三月里,有"东岳大帝"生日,至迟不过二十八就要演戏;五月十六"土地爷菩萨生日",六月十七"包爷爷生日",都要演戏;七月十六,"刘猛将军"的生日,农民们说他是"刘备的儿子",因为到田间捉虾蟆跌死的,更要演戏。直至年底,还要演出不少的戏。演戏和他们的生活好像是分不开的。

其实,他们演戏的目的倒不仅是为了给菩萨看的,不过是借此表示自己的愿望,希望人口和牲畜平安,五谷丰收,能过上安居乐业的和平生活。

虽然,现实的生活并不如他们所期盼的那样,但他们的心中仍充满了对幸福生活的向往。

农民们总在迎神赛会这个属于自己的狂欢和示威的节日里,显示才能、智慧和力量。队伍接连排成好几里长,人群像滚滚的浪潮,席卷过一个村庄又一个村庄。在队伍的上空招展着红的、绿的、黄的以及其他颜色的旗幡。

在这支浩浩荡荡的队伍里,人人都像生龙活虎一般:有耍狮子的,有跑龙船的,有踩高跷的,有的敲着锣鼓,有的扛着荷花铳,轰,轰,对着天空放它几响。

在皇甫庄,戏台就搭在村子里一块叫作"火烧场"的地方。这里据说就是太平天国农民起义失败之后,反动地主阶级残杀农民的屠场。这戏从头一天的下午就演起,一直要演到第二天天亮。

"起殇"是在太阳落尽的时候举行,台上吹起悲壮的喇叭,薄暮中,十多匹马,放在台下,一个演戏的人扮作鬼王,手执钢叉,此外还需要十多名鬼卒,普通的孩子们都可以应募参演。

他们爬上台去,说明志愿,脸上涂抹几笔油彩,手拿钢叉,待人聚齐,就一拥上马,疾驰到野外那些无主的孤坟上,然后拔叉驰回,上了前台,一同大叫一声,将钢叉一掷,钉在台板上,这才完结,洗脸下台。举行了这一种仪式,就意味着那些孤魂厉鬼,已经跟着鬼王和鬼卒,前来一同看戏了。

"起殇"仪式之后,戏文就接着开场,徐徐进行。一到"跳吊"

时候,人们立刻紧张起来。台上吹起凄凉的喇叭,台中央横梁上放下一团布。看客们都屏住气,台上忽然闯出一个不穿衣裤,只有一条犊鼻裈,脸上涂了几笔粉墨的男人,这叫作"男吊"。他一登台,径奔悬布,像蜘蛛死守着蛛丝,又好像在结网,在这上面粘挂。

这之后,是"跳女吊"。台上又吹起凄凉的喇叭,不一会儿,门幕一掀,一个"女吊",比别的一切鬼魂更美的鬼魂出场了。大红衫子,黑色长背心,长发蓬松,颈挂两条纸锭,低头,垂手,弯弯曲曲地走了一个全台。内行人说,这是走了一个"心"字。

然后,"女吊"将披着的头发向后一抖,人们这才看清她的面孔:石灰一样白的圆脸,漆黑的浓眉,乌黑的眼眶,猩红的嘴唇。她两肩微耸,四顾,倾听,似惊,似喜,似怒,终于发出悲哀的声音,慢慢地唱道:"奴本是杨家女,呵呀!苦呀!天哪!"

这之后的下文讲她做童养媳时备受虐待,终于不堪忍受,只有投江自尽了。

唱完,就听到远处的哭声,也是一个女人,在含冤悲泣,准备自杀。女吊惊喜万分,要去"讨替代"了,却不断突然跳出"男吊"来,主张应该他去讨,由争论而至动武。"女吊"当然敌不过"男吊",幸而台上另有一个神"王灵官"在这时出现了,一鞭打退"男吊",放"女吊"独自去活动。

在鲁迅的记忆中,最深刻的就是这一幕,其他的场面当然也不少。从幼年时直至后来,他记忆尤深。鲁迅认为:这个复仇性最强的"女吊",这个最美丽的最坚强的灵魂,也就是被压迫者的复仇意志的化身。

刻上"早"字自勉

　　鲁迅十二岁时离开家,到绍兴城里最著名也是最严厉的三味书屋学习,读的是四书五经一类。他的老师是有名的正直博学的老秀才寿镜吾先生。

　　三味书屋是清末绍兴城里著名的私塾。三味书屋坐东朝西,北傍小河,有近三十五平方米。书房正中上方悬挂匾额,是清末著名书法家梁同书所书。书屋中间是老师的八仙桌和木椅,学生都坐在窗前壁下。鲁迅跟随寿镜吾老师学习,在那里攻读诗书近五年。鲁迅的座位,在书房的东北角,他用的是一张硬木书桌。现在这张木桌还放在鲁迅纪念馆里。

　　三味书屋后面有一个园子,虽然小,但在那里可以爬上花坛去折腊梅花,在地上或桂花树上寻蝉蜕。小园子给鲁迅和同学们带来了不少乐趣。

　　寿镜吾先生对学生要求严格,教育方法还是封建的老一套,除了背书、听书、习字、对课,不让学别的,甚至不让看有图画的本子,但活泼的孩子们往往背地里不听那一套。

　　那时鲁迅爱画画儿,用一种叫"荆门纸"的,蒙在小说的绣像上一个个描下来。孔孟的书没读成,画的成绩却不少,最成功的是《荡寇志》和《西游记》的绣像。

　　小鲁迅用压岁钱为自己买书,特别是他心爱的画谱、画册。他最开始在皇甫庄见到《毛诗品物图考》时,喜爱极了。

后来他积攒了钱到书店去买到一部,爱不释手,偶尔发现有点墨污或别的小毛病,就觉得不满意,赶快拿到书店里去换,有时换了好几回。最后惹怒了书店的伙计,人家嘲弄地说:"这比你姐姐的面孔还白呢,何必换掉?"

这种刻薄的话曾使鲁迅很生气,这也从一个侧面反映出这个少年对书的痴迷程度。当鲁迅买不起书的时候,就自己动手抄,他从小就有抄书和描画的习惯,三卷《茶经》《五木经》他都亲手抄过。

鲁迅对很多自然现象都充满了极大的兴趣,酷爱自然科学。他最喜欢的是一本上面带有许多图的《花镜》书,这是他花了二百多文钱买来的,里面有许多宝贵的栽培知识,还强调通过人工培育可以改变植物的特性,宣传"人力可以回天"的思想。

鲁迅不喜欢死记硬背,他更注重理解。在三味书屋读书时,他曾制作一张书签,中间竖写"读书五到:心到,口到,眼到,手到,脑到"十个字,夹在书页里。读书时,读一遍书,自上而下盖上书签。这个办法同学们很赞赏,于是大家都仿效起来。

有的同学整天只想玩,常常背着老师拉别人一起玩。鲁迅为防止同学影响自己的学习,就在书桌的左上角贴了一张三寸长、二寸宽的红纸条,纸条上写着"君子自重"四个字。

鲁迅做事非常认真,他深恶痛绝那种夸夸其谈,一知半解的浮夸学风,做事总爱搞得明白透彻。这是鲁迅幼年时就养成的习惯。

在三味书屋读书的时候,听说汉朝的东方朔认识一种叫

"怪哉"的虫,此虫系冤气所化,用酒一浇,虫便消失了。鲁迅觉得很奇怪,怎么也琢磨不明白。

有一次,听寿镜吾老先生讲完课,鲁迅赶紧向老师问这一问题。

老先生脸上充满怒气地答道:"不知道。"

鲁迅明白这是老先生不愿多讲课外的知识,于是他就去自己查询。他攒下钱来,购买了相关书籍,并时时留心实物,将书籍上的记载与实物相比较。

鲁迅十三岁时,祖父周介孚替亲友向浙江乡试的主考官行贿赂,事情败露之后被关进了杭州监狱。周家开始家道中落。鲁迅的父亲周伯宜由于与这场案子有牵连,不仅不允许考试,连原来的秀才身份也被革掉了。

周伯宜本来就不善于持家,这回为了营救老父亲,家里生活的重担又压在他身上,眼睁睁地看着家里的财产和土地都没了,他心里十分焦急,于是脾气更坏了,酒也喝得更凶了,终于得了严重的肺病。此后几经波折,病情时缓时急。

父亲长期患病,使得家里越来越穷。身为长子,鲁迅不得不过早地挑起家庭重担。营救祖父和为父亲治病,都需要钱。山穷水尽的他只好每天都去当铺,把衣服或首饰送上当铺的柜台,在蔑视的目光中接过一点可怜的钱,然后再到药房里,站在和自己一样高的柜台前,给久病的父亲买药。

有一次,父亲病重,鲁迅一大早就去当铺和药店,回来时老师已经开始上课了。

老师看到鲁迅迟到了,就生气地说:"十几岁的学生,还睡懒觉,上课迟到。下次再迟到就别来了。"

鲁迅听了,点点头,没有为自己作任何辩解,低着头默默地回到自己的座位上。

第二天,鲁迅早早地来到学校,在书桌右上角用刀刻了一个"早"字。心里暗暗地许下诺言:以后一定要早起,不能再迟到了。

那书桌是鲁迅从自己家里带来的。从此那上面的"早"字就成了鞭策鲁迅的记号。而老师得知鲁迅迟到的原因时,深深地自责起来。从此,他就更喜爱鲁迅,而且经常帮助他。

以后的日子里,父亲的病更重了,鲁迅更为频繁地到当铺去卖东西,然后到药店去买药,家里很多活都落在了鲁迅的肩上。他每天天不亮就早早起床,料理好家里的事情,然后再到当铺和药店,之后又急急忙忙地跑到私塾去上课。

在那些艰苦的日子里,每当鲁迅气喘吁吁地准时跑进私塾,看到课桌上的"早"字,他都会觉得开心,心想:"我又一次战胜了困难,又一次实现了自己的诺言。我一定加倍努力,做一个信守诺言的人。"虽然家里的负担很重,可是鲁迅再也没有迟到过。

直至晚年,鲁迅还清楚地记得这件事,并且在一次闲谈中告诉自己的亲人。这生动地表现了鲁迅自幼严格要求自己和认真学习的精神。

鲁迅的课本上全都是红圈圈,就是老师在批改作业的时候,认为写得好的。这是由于鲁迅思维敏捷,学习勤奋,读书多的缘故。

在鲁迅十五岁那年，父亲周伯宜留下妻子和四个孩子，撒手归天，周家开始急剧陷入贫困。虽然如此，但是母亲坚持让鲁迅继续在三味书屋读书。

老师的为人和治学精神，那个曾经给鲁迅留下深刻记忆的三味书屋和那个刻着"早"字的课桌，一直激励着鲁迅在人生路上继续前进。

与闰水的深厚情谊

家庭的变故对少年鲁迅产生了深刻的影响。鲁迅是家里的长子，上有孤弱的母亲，下有幼弱的弟弟，他不得不同母亲一起承担起生活的重担。天真活泼的童年生活结束了，他过早地体验到了人生的艰难和世情的冷暖。

父亲生病时，鲁迅经常拿着医生为父亲开的药方到药店去取药，拿着东西到当铺去典当。在过去家境好的时候，周围人是用一种羡慕的眼光来看待他这个"公子哥儿"的，话语里包含着亲切，眼光里流露着温存。

但现在鲁迅家穷了下来，周围人的态度就都变了：话语是凉凉的，眼光是冷冷的，脸上带着鄙夷的神情。周围人这种态度的变化，在鲁迅心灵中留下的印象太深刻了，对他心灵的打击也太大了。这使鲁迅感到在当时的中国，人与人之间缺少真诚的同情和爱心。

当时的人们是用"势利眼"看人待物的，对有钱有势的人是一种态度,对无钱无势的人又是另一种态度。

多年之后,鲁迅在《呐喊·自序》中非常沉痛地说:

有谁家从小康人家而坠入困顿的么,我以为在这途路中,大概可以看见世人的真面目。

家庭的变故和变故后的人生体验,也使鲁迅从少年时候起就亲近下层人民。他的外祖母家住在农村,这使他有机会接触和了解农民的生活。特别是在祖父入狱的前后,鲁迅不得不到农村的亲戚家避难,长时期住在农村。

在那里,鲁迅与农村的孩子们成了朋友,与他们一起玩耍,一起划船,一起看戏,有时也一起到他们家的地里"偷"豆子煮了吃。在他们之间,没有相互的歧视和仇视,而是相互关心,相互友爱。

鲁迅一生都把他与农村小朋友闰水的朴素自然、真诚单纯的友谊,当作人与人之间最美好的关系而怀念着,描写着。

在浙江乡下,鲁迅得以认识农家孩子闰水,并熟悉了中国农民的凄惨生活现状。

章闰水是鲁迅笔下闰土的原型,他的家在绍兴城外六十多里的道墟镇杜浦村。村子坐落在曹娥江边,当地的人叫作"海边",江边有一片平坦的沙地,种着很多瓜果。

章家世世代代务农。章闰水的父亲章福庆勤劳善良,有很好的竹编手艺。过年过节或农忙时,经常给人做"忙月",就是在忙碌的月份给人打工帮忙,以此来补贴家用,勉强维持一家人的生活。

章闰水生活在这样一个贫苦的家庭里。他从小就跟着父亲干一些力所能及的活,看瓜地,网鱼,晒稻谷,并跟父亲学会了竹编手艺。父亲在鲁迅家做忙月时,常常把他带了去。

章闰水和鲁迅的年龄差不多,两人很快就成了好朋友,常在一块儿玩耍,并以兄弟相称,鲁迅总是亲热地叫他"闰水哥"。闰水成了鲁迅最要好的朋友,还给鲁迅讲了很多关于农村的新鲜故事。比如雪地捕鸟,海边拾贝,看瓜刺猹,潮汛看鱼,这使少年的鲁迅对他产生了很深的敬意。

鲁迅和闰水情同手足,关系十分亲密。以至于新年过后做完忙月,父亲要带着闰水回乡下时,鲁迅急得大哭,闰水也躲在厨房里不肯出门。

这种友谊一直持续到青年时代。鲁迅去南京读书后,寒假回故乡绍兴时,还邀了闰水一块儿去南门龟山游玩。他们登上应天塔,绍兴古城尽收眼底,冷风吹来,顿觉神清气爽。他们还去参观轩亭口、大善寺,两人边走边谈,极其亲热。

章闰水父亲死后,他就挑起了一家的生活重担。这时的章闰水,脸上刻满了艰苦生活的印记。中等个子,黑黑的脸,剃了光头,穿着草鞋或干脆赤脚,戴着一顶毡帽或笠帽,身上是土布做成的蓝黑色的大襟衣裳。章闰水平时不爱多说话,整日挑土、摇船、做农活儿,手脚从不停歇,是一个勤快老实的庄稼汉。

章家只有六亩薄沙地,收获的粮食缴完租税后所剩不多。尽管章闰水起早贪黑地干,还是养不活一家人。1934年大旱,地里颗粒无收,逼债的、收捐的又找上门来,没办法,他只好把地卖了,成了一贫如洗的穷苦农民,只能靠租种土地和出外打工为生。

由于贫困和积劳成疾,五十岁后,章闰水背上生了一个恶疮,家里又没钱医治,致使伤口化脓,一直不能愈合,而且越来越严重,终于在五十七岁时亡故。

"名医"开的药方

鲁迅每天看着父亲躺在病床上,受着疾病的折磨,心里难受极了。他既要坚持去三味书屋读书,又要忙着给父亲求医抓药。

后来听说城中有位名医,于是鲁迅每隔一天,就跑去请他来给父亲看病。这位名医每次看病,要诊金一元四角,出诊费十元,深夜加倍,出城又加倍。不仅如此,他用药很特别,用的药引子更特别。

一般医生开的药引子,都是诸如"生姜两片""竹叶十片去尖"什么的,而这位名医却不用这些。如果他要用芦根,那么鲁迅就得到河边去掘;如果他要经霜三年的甘蔗,那么鲁迅就得到处搜寻两三天……

可是,这样治来治去,父亲的病却越来越严重了,水肿逐日厉害,更是不能起床了。

有一次,鲁迅要找一种更新奇的药引:三年以上的陈仓米。他东奔西跑,到处也找不到。

这事后来被老师知道了,也不知道他想出了什么办法,一下子就弄到了两升陈仓米,装在钱褡里,搭在肩上,亲自送到鲁迅家里来了。鲁迅接过那些陈仓米,热泪无声地流了下来。

可是父亲的病,越来越严重了。

鲁迅又一次次地跑去请那位名医,但是那位名医问过病状后,却说:"我所有的学问,都用尽了。本城还有一位陈先生,本领比我高。我推荐他来看一看,我可以写一封信……"于是鲁迅又跑去请那位姓陈的名医。

这位名医的诊金也是一元四角,但是所用的药引更为奇特。芦根和经霜三年的甘蔗,他从来不用,常用的是"蟋蟀一对",旁注小字:"要原配,即本在一巢的。"

虽然这倒不使鲁迅为难,因为走进百草园便可以容易抓上十对,但是鲁迅弄不明白为什么分居的蟋蟀连做药引的资格也没有了。接着这位名医又开了一个"败鼓皮丸"的药方,鲁迅也怀疑这用打破的鼓皮能不能起效。

还有一次,这位名医开的药引子是"平地十株",这可不知道是什么东西了。鲁迅跑去问药店,问乡下人,问卖草药的,问老年人,问读书人,甚至去问木匠,可是他们都只是摇摇头。

后来,鲁迅突然想起了自己的启蒙老师,一位种花木的玉田老师。他跑去一问,玉田老师固然知道,原来生在山中大树下的一种小树,能结像小珊瑚珠的红果,平常都称"老弗大"。

虽然如此,鲁迅为了能医好父亲的病,各种莫名其妙的药引子,他都设法找到了。他是多么希望父亲能早日好起来呀!

但是父亲的病依然不见好转,这位名医有些黔驴技穷,竟然说:"我想,可以请个巫师来看一看,可有什么冤愆……医生能医病,不能医命,对不对?这也许是前世的事……"这话听上

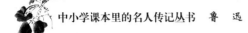

去并不像是一个医生应该说的。

　　父亲吃了一百多天的"败鼓皮丸",终于还是撒手而去。一个十六岁的少年,不得不和同样心情沉痛的母亲一起变卖家产,办理丧事。这时的鲁迅早早地告别了天真年代,无心与孩子们一样嬉闹了。

　　每次想起父亲临终前痛苦的喘气声,鲁迅的心里就不由得对那些贻误病人生命的庸医起了憎恨。

求学育人

毅然离开沉闷的学堂

从百草园到三味书屋,鲁迅接受了中国传统文化教育,形成了诚实、善良、正直的性格。

1898年,鲁迅从三味书屋毕业后,同学们各奔前程。此时周家已困顿没落,升学困难。鲁迅是个懂事孝顺的孩子,他知道中国正与周家一样遇到危机。

同年的3月21日,鲁迅写信给在杭州陪侍狱中祖父的二弟,谈到了当月13日出版的《知新报》第四十五期刊载的列强瓜分中国图。《知新报》说,英日俄法德五国,谋由扬子江先取南京,瓜分其地,英国得到浙江。

此时,年轻的鲁迅兄弟,已开始接受新的思想,关心祖国的命运。所以,鲁迅不想去做账房先生,也不想做衙门师爷,只想学些救国救民的真本事。

鲁迅为南京担忧,自然想起在南京的叔祖周椒生。周椒生回家探亲时,鲁迅兄弟们总要拜访这位在外见多识广的叔祖,听他谈谈国家和南京的情况。

鲁迅知道,叔祖是个举人,在江南水师学堂教国文兼当管轮堂监督,这个学校不要学费。叔祖还介绍了鲁迅的小叔伯升进了江南水师学堂。

小叔假期带来那些介绍长江风帆、下关商埠、仪凤门城楼、码头大轮船的照片,这些照片真迷人,鲁迅很想到两江总督署所在地的南京去上学。

为了满足鲁迅的要求,母亲设法筹集了八块银元作为路费。她流着泪对儿子说:"绍兴有句古话,叫作穷出山,今后的路就要由你自己去走了!"

1898年5月1日,鲁迅乘船出门远行了。

5月7日,轮船停泊在金陵下关,鲁迅第一次踏上了南京的土地,只见江上风帆穿梭,货船云集,几艘外国军舰傲然屹立。上岸后,戴白色礼帽的洋人神气活现,中国搬运工吃力地扛着麻袋,懒散的清兵闲逛着,码头货栈堆满"摩尔登糖",这些都让年轻的鲁迅看见了世界。

到了江南水师学堂门口后,鲁迅看到这所由张之洞建立的水师学堂大门很气派,一边写"中流砥柱",一边写"大雅扶轮",反映了洋务派办此学堂的良苦用心。

随后,鲁迅拜见了叔祖周椒生。此时,鲁迅身边仅剩下两块银元了。周椒生告诉他:"豫才这个名字你不要用了,今后不好进家谱,'十年树木,百年树人',你就叫'树人'吧!"

经过考试,鲁迅被录取在轮机堂,分配在管轮班的机关科。

鲁迅在水师学堂秋季开学后,开始了学习。很快,这所官办学校的沉闷压抑、乌烟瘴气令鲁迅极为不满。一是课程简单、生活乏味。除了初级英文外,其余课程与旧书塾没有多大差别。作文多在三味书屋做过,仍实行八股标准。英文课本是从印度搬来的,内容枯燥。二是等级森严,待遇不平等。校长称总办,有权处置学生,甚至可杀学生的头。

最使鲁迅气愤的是,这里的教师只会照本宣科,不愿接受新知识。他们对新名词、新概念总是望文生义。有位汉文老师居然说地球有两个，一个叫东半球，一个叫西半球；一个自动，一个被动，这让学生哭笑不得。

鲁迅觉得学不到新知识，学校学生活动几乎没有。学生在枯燥乏味的校园里的唯一乐趣，是一周一次的爬桅杆训练。爬上去后，可以眺望莫愁湖，近看狮子山，古城风光尽收眼底。

海军学校学生理应天天习水。学堂原有大游泳池，因为淹死了两个学生，就被填平了，还在上面造了个小小的关帝庙来镇邪。

鲁迅觉得这所应是培养中国现代海军人才的学校，思想太陈旧太迷信。每逢阴历七月十五，还要请一群和尚到操场来掐诀念咒。这些让鲁迅哭笑不得，他开始藐视学堂里的一切。

在第一学期期末，就发生了让鲁迅决心退学的事。年底学校新派来一个派头十足的教师，在学生面前他总是把眼睛瞪得大大的，装成学者的架势。有次上课点名，他把学生"沈钊"的名字念成"沈钧"，引起一阵哄堂大笑。

后来，鲁迅和同学们都把这位教员叫"沈钧"。于是，总办在两天之内宣布：给鲁迅和另外十多个同学记了两次小过、两次大过，再犯一次小过，就得开除了。

1898年12月，鲁迅回到了家乡，由于家里的强烈要求，鲁迅与弟弟周作人于当月28日参加了县试，这是鲁迅参加的唯一的一次科举考试，没想到这唯一的一次却考中了。

但由于四弟的病逝而使鲁迅无心继续下去。鲁迅人生的这段小插曲，反映了他也曾在科举与进洋学堂之间徘徊，这是时代的矛盾与烦扰。

回到南京后,鲁迅无法再忍受江南水师学堂的沉闷,于是他决心退出水师学堂。他听说水师学堂西边的陆师学堂附设矿务铁路学堂,思想先进,能学到知识,于是就去报考,到矿务学堂开始了新的追求。

接受进化论思想的启蒙

1899年2月,鲁迅改入南京江南陆师学堂附设的矿务铁路学堂。这个学堂是仿照德制建立的,外文教的是德语,课程以开矿为主,铁路为辅。

鲁迅进矿路学堂的时候,戊戌政变已失败,但学校读新书的风气日益浓厚。那时来了一个新派人物俞明震当总办,他坐上马车的时候,大都在看《时务报》。

考汉文时,俞明震自己出题目,与其他教员出的很不同。有一次,俞明震出的是《华盛顿论》,汉文教员反而迷惑地来问学生道:“华盛顿是什么东西呀?”对于这位新总办,鲁迅始终怀有好感,后来一直尊称他为“俞师”。

矿路学堂还设有阅报处,《时务报》《译文汇编》等报刊中带着感情的文字、慷慨的言辞,在鲁迅的心中引起了深深的共鸣。鲁迅觉得这里比水师学堂有意思多了。

因矿路学堂是新办的,不仅免费,学生津贴也多一些,这样鲁迅就可以多买一些书籍和文化用品了。鲁迅酷爱读书,当时正是西方文化引入时期,几乎每一月都有优秀的西方著作出版。为了买到这些书籍,鲁迅省吃俭用,节衣缩食,饿肚子现象时有发生。寒冷的冬季,他还穿着单薄的夹衣。

鲁迅是班里年龄最小的,但却是成绩最好的一个,他有着极强的理解能力和记忆能力,平时学习又刻苦,所以几乎回回考试得第一。

矿路学堂有着一套完善的奖惩制度,每次小考成绩优异的,都发给一个三等奖章;若干个三等奖章,可以兑换一个二等奖章;若干个二等奖章,可以兑换一个头等奖章。头等奖章是金质的,很值钱。

鲁迅是班里唯一一个荣获过金质奖章的人,他把奖章变卖了,换回许多优秀的图书。有些同学觉得不可理解,金质奖章在同学中可是无限的荣耀呀!在鲁迅看来,图书比奖章更有用,他不需要任何满足虚荣的物品。

在求学期间,鲁迅经常读《译学汇编》,还读了一些西欧的近代科学、社会学和文学的译著。其中,对鲁迅影响最大的是严复翻译的英国赫胥黎的《天演论》。

《天演论》是鲁迅用五百文钱,从城南的一家书铺里买回来的。鲁迅翻开一看,在他眼前立即展现出一个闻所未闻的新鲜的思想境界。他一口气读下去,"物竞"出来了,"天择"也出来了。

鲁迅如饥似渴地读着,明白了强者才能生存,是大自然的规律。因此,自己要努力学习一些先进的、新鲜的事物,这样才有可能找到振兴中华之路。

鲁迅还认识到,现实世界并不是和谐完美的。一个人,一个民族,要想生存,要想发展,就要有自立、自主、自强的精神。不能甘受命运的摆布,不能任凭强者的欺凌。

于是鲁迅的热情被激发起来,他自称"戎马书生",喜欢练习骑马。他从马上摔下来,弄得头破血流,但还是继续上鞍。他常常说:"落马一次,即增一次进步。"他的骑马技术还不错,敢于和精骑善射的旗人子弟竞赛。

然而鲁迅的叔祖周椒生逐渐感觉到,自己招引来的这个本家孩子,有被变法的潮流卷去的危险,他便郑重地开导鲁迅:"康有为是想篡位,所以他的名字叫有为。有者,富有天下,贵为天子也。难道这不是图谋不轨吗?"

鲁迅听后觉得非常可笑,叔祖竟然连康有为是什么人也全然不知,还把他设想成篡夺帝位的造反者。所以他对此并没有作任何的理会。

后来,叔祖又对鲁迅说:"你这孩子有点不对了,拿这篇文章去看看。"随手递过来一张报纸。

鲁迅拿过来一看,原来上面登载的是顽固派许应骙弹劾康有为的文章。

那时鲁迅没觉得自己有什么不对,把叔祖的话全当成了耳边风。他一有空就一边吃辣椒,一边看《天演论》。以致《天演论》里的有些章节,他熟到能背诵如流的程度。

鲁迅后来幽默地说:"我不记得可曾抄了没有? 现在是一句也记不得了。"

直至晚年,鲁迅还对许广平说起这件事,问她:"许应骙是你家什么人?"

当他知道是许广平族中的叔祖时,便半开玩笑地说:"我从小就吃过你们许家的亏。"

在以后相当长的一段时间里,鲁迅以进化论作为观察社会现象、进行反封建斗争的主要思想工具和武器。

鲁迅在江南矿路学堂期间成绩优异,使他在毕业后获得了官费留学的机会。

在南京的四年间,中国经历了触目惊心的剧变,戊戌变法失败,义和团运动遭到镇压,八国联军蹂躏国土,这促使鲁迅更加急迫地寻找新鲜的知识和救国的真理。

传播自然科学知识

1902 年,鲁迅在江南矿路学堂毕业了,根据个人申请,学校决定派包括鲁迅在内的五名成绩优异的同学到日本留学。有一名学生因家里反对而放弃了这个机会,因此只有四人成行。于是鲁迅匆匆回绍兴,告别了母亲和弟弟,由上海乘船,东渡日本。

当时的日本,是接收中国留学生最多的国家。1894 年,这个清政府眼里的"弹丸之国",竟打败了经营多年的北洋舰队。于是便派遣大批的青年和官僚,到这个用军舰证明了自己是先进之邦的国家。

鲁迅先到达了日本的横滨,不久又转到了东京。4 月,鲁迅开始在东京弘文学院普通科江南班学习。这时的鲁迅是兴奋的,也满怀着希望。

弘文学院是为中国学生办的一所留日预备学校,来这里的中国学生多数是旧式文人,有的拖着长辫子来到这里,怀抱各种各样的志愿。有的是为了在改革的风潮中赶时髦,说不上什么抱负;有的确是想学点新的本领,好回去挽救垂危的王朝;也有的是借此来玩一玩,看看岛屿国家的风光。

这些留学生们生活得很舒适,在上野樱花开得烂漫的时候,他们时常成群结队在那里悠闲地赏玩。他们本来拖着长辫子,现在因为留学生必须戴制帽,便把大辫子盘在头上,直顶得帽子高高耸起。也有散开辫子,盘得平平的,摘下帽子来,油光可鉴,宛如小姑娘的发髻一样。鲁迅看到这种模样,从心里感到一种莫名的反感。

但并不都是这样,也有一些留学生和不是来留学的中国人胸怀大志。比如从事反清运动的革命者孙中山、章太炎、邹容等,他们的文字和宣传感染着鲁迅。

鲁迅用功地学习着日语,经常要学习到深夜才睡觉。由于勤奋学习和资质过人,他的日语学得十分扎实,成绩优异。这为他汲取外国文化的有益营养,创造了有利条件。鲁迅的日语水平,曾赢得日本友人的普遍好评,称赞他是“能讲一口漂亮日本话”“精通日语”的中国人。

当时,中国资产阶级革命派正在东京进行反清活动,留学生中分为反清与保皇两派。鲁迅经常参加反清的集会。

鲁迅还毅然剪掉了象征清朝统治的辫子,并在断发照片上写诗明志:“我以我血荐轩辕。”表示了他誓为祖国人民解放而献身的决心。

鲁迅是江南班里第一个剪掉辫子的学生,在留学生中引起了强烈的反响。一位清政府学监,扬言要停鲁迅的官费,送鲁迅回国,后来因为学监自己的辫子也被革命党人强行剪掉,这事才不了了之。

在课余时间,鲁迅还大量阅读近代科学、哲学和文学的书籍,尤其喜欢拜伦、尼采以及《离骚》,同时开始考虑改造国民性问题。

有一天,一家日本报纸上登载着这样一条消息:

> 一位名叫本多的日本博士到中国旅游。别人问他:"你会说中国话吗?"
>
> 他回答:"不会。"
>
> "你不懂中国话,到中国旅游能行吗?"
>
> "能行!"
>
> "是否需要翻译给你带路?"
>
> "不需要!"本多说着,把手杖举起来,用力一挥,接着说,"这手杖便是他们的话,他们都懂!"

这则消息分明就是在说日本人用武力就可以征服中国人,也是对中国人的极大侮辱。鲁迅读到这个消息时气愤不已,好几天都吃不下饭,睡不好觉。

有一次,鲁迅的名字"树人"被人写成"孺人"。鲁迅看后笑着说:"孺人,我变成官太太了。可是即使我成了女子,也不愿做官太太,还不如叫我孺子,虽然是乳臭儿,也比官太太强。"

同学听了,开玩笑地说:"孺子可教也。"

鲁迅说:"这个'可'字,不如改为'请'字好。唐朝时,日本曾向我国请教,今天我们在此留学,是向日本请教,也许过不久,日本又得向我们请教。"

这些生活中的小细节都显露了鲁迅心中强烈的爱国之情。

当时,章太炎、邹容、秋瑾等革命家,也已先后到达日本,革命的声势很大,革命活动相当频繁。各省留学生为宣传反清的革命思想,主办的书刊也像雨后春笋般在东京出版了,如《浙江潮》《江苏》《湖北学生界》……

在弘文学院,鲁迅结识了浙江班的许寿裳。鲁迅比许寿裳早半年来到日本。从此,许寿裳成为鲁迅终生的挚友。有一次,两人聊起中国人的命不值钱,都潸然泪下。

或许是因为欣赏西方文学家、科学家的思想与精神,鲁迅常和许寿裳讨论什么是理想的人性,中国国民性最缺乏的是什么,病因何在之类的问题。

鲁迅除了看书、跑书店,与许寿裳进行思想交流,给《浙江潮》写稿之外,还与革命救国热情高昂的留学生群体一起活动,这曾给鲁迅带来了不少的快乐。

鲁迅这时已经对变成保皇派的改良派人物彻底失望了,而对新兴的革命党深为敬佩。他开始深思如何通过革命来唤醒民众。

有一次,鲁迅凄然地对许寿裳说:"中国人的生命在历史上一直是不值钱的,特别是当了异族的奴隶之后。"

他深深地叹了一口气,与好友探讨起中国的国民性有哪些弱点,提出了三点疑问:

1．怎样才是最理想人性？

2．中国国民性中最缺乏的是什么？

3．它的病根何在？

这三个问题几乎成了鲁迅一生苦苦探索的课题。

1903 年，也就是鲁迅到日本后的第二年，他不仅在文学翻译和创作方面做了不懈的努力，在科学翻译和科学介绍方面，更是做了不少工作。

鲁迅最初的关于文学和科学的译著，就在《浙江潮》上发表。1903 年 6 月出版的第五期上，刊登了鲁迅翻译法国作家雨果《随感录》中的一篇故事，题名为《哀尘》，连同一篇兼有翻译和创作成分的《斯巴达之魂》，一并登载在"小说"栏里。

《哀尘》原名《芳梯的来历》，所译的这个片段是雨果自己叙述的在 1841 年目睹的一个下层妇女被侮辱、被损害的事实：在一个冰天雪地的腊月里，一个无赖少年，无端用雪球戏弄一个贫苦的妇女。这个妇女自卫时却被巡警看到，他颠倒是非，将这个无辜妇女监禁了六个月。

鲁迅在这篇短短的译文中，融进了鲜明的爱憎。他憎恶那个无端凌辱妇女的无赖少年，把他的名字译成"频那夜迦"。这名字是印度神话中的一个恶神。

鲁迅用他的第一个译品表明：

他的心，是属于被损害的、苦难的兄弟姐妹。

而《斯巴达之魂》是鲁迅公开发表的第一篇文学作品，充满了青年血气的慷慨悲歌。写这篇文章，正是俄国向清政府提出不平等条约，日本的中国留学生拒俄运动高涨之时。

在这期间,鲁迅还发表了论文《中国地质略论》,与友人合编关于中国地质和矿产分布状况的专著《中国矿产志》,翻译科学幻想小说《月界旅行》《地底旅行》。进一步表现了青年鲁迅爱科学的热情和强烈的爱国主义精神。

鲁迅希望通过自己传播自然科学知识的努力,促使祖国人民从蒙昧中解脱出来。另一方面,这些自然科学知识,也为日后他成为伟大的思想家打下了良好的基础。

少年时代的鲁迅,曾亲身体验过祖国医学落后给他带来的痛苦,他希望自己能成为一个有真才实学的医生,好去救治那些和父亲一样求助无门的病人。

后来,鲁迅在求学期间知道了日本的明治维新就是发端于医学的进步,尽管这种记载可能有夸大失实之处。但这对于寻求救国之路的青年,具有很大的吸引力。

1904 年 4 月,鲁迅完成了在弘文学院的学业,他没有虚度年华,在这个学院里,他不仅为考入专门学校作了学业上的准备,也为他一生创造的辉煌业绩作了重要的知识准备。

因受到歧视弃医从文

1904 年 9 月,鲁迅进入仙台医学专门学校学习。他立志学医,是希望用新的医学,来"促进国人对于维新的信仰"。

留日时期的鲁迅无论学什么,都认为可以用所学的知识来重塑国民性,即所谓"立人",学医也是如此。不仅如此,鲁迅还希望现实生活中也能遇见具有令他满意的人性与观念的人。

仙台是东京北边的一个小城市,工商业不发达,偏僻而幽静,城内绿树成荫,景色秀丽。

鲁迅的这一选择成了仙台市的新闻,当地的地方报纸称他是"可自由使用日语,为一异常活泼之人物",还说他"正在寻找经营中国饭菜的饭店"。有几个教职员也为他的食宿而操心。

在仙台,鲁迅开始学习解剖学、组织学、生理学和物理学等课程。这里的老师都很严格。鲁迅听几个留级的"原班生"说,他们之所以留级,是因为有两门课过不了关,其中一门是解剖学。

这些老师中,最先走入鲁迅心灵世界的,是衣着随便、教课认真的教师藤野严九郎。他是讲骨学的先生,黑黑瘦瘦的,留着八字胡,戴着眼镜。

当藤野先生得知鲁迅是从中国来的留学生时,他感到非常惊喜。他告诉鲁迅,他年少时曾经学过汉语,他尊敬中国,也就对中国人格外高看。

刚上了一个星期的课时,藤野先生让助手把鲁迅叫来,并问他:"我的讲义,你能记录下来吗?"

"可以记一点。"鲁迅回答说。

"拿给我看看。"

鲁迅交出用日文记录的讲义,过了两三天藤野先生便把它还给了鲁迅。鲁迅打开一看,讲义从头到尾,都用红笔给添改过了。这样的添改一直坚持到功课的结束,这使得鲁迅非常的感激。藤野先生改过的讲义,鲁迅将其装订并收藏起来。

正是藤野先生,使得鲁迅在仙台刻苦求学时,原本孤独的内心感受到了一种让其留恋、让其温暖的人情。鲁迅学习勤奋,受到了藤野先生的热切关怀和帮助。

一天,藤野先生又把鲁迅叫到了他的研究室里,他翻出鲁迅所记录的讲义上的一个图来,手指着那图,和蔼地说:"你看,你把这条血管移了点位。当然,这样一移比较好看,但是解剖图不是美术,实际是怎样就怎样,我们不能改换它。我已经替你改好了,以后可要全照着黑板上那样画。"

期末考试成绩发布了,鲁迅在同年级一百四十二名学生中,名次排在六十八位,鲁迅对自己这个位居中游的成绩并不满意。

这时解剖实习开始了,一个星期后,藤野先生很高兴地对鲁迅说:"我听说中国人很信鬼,所以很怕你不肯解剖尸体,现在总算放心了,没有这回事。"

那时,出乎意料的流言出现了。学生会干事借故来检查鲁迅的讲义,接着又有人寄给鲁迅一封匿名信,开头便是气势汹汹的一句话:"你改悔吧!"信中污蔑鲁迅在上学期的解剖学考试之前,事先得到藤野先生泄露的考题,所以才能取得好成绩。

鲁迅在愤怒中体会到弱国国民的悲哀:中国是弱国,在别人眼中中国人只能是低能儿,如果考得好成绩,便不可能是自己的能力了,所以才被人猜疑。尽管这流言不攻自破,但是这件事情却深深地刺痛了鲁迅。

接着,鲁迅想通过医学启发中国人的觉悟的这种梦想并没有维持多久,就被严酷的现实粉碎了。不久之后的一件事情,让他发现正是自己的同胞,已经丧失了民族的尊严感。

有一次,在有关日俄战争的幻灯片上,鲁迅看见一个替俄国军队当侦探的中国人,被日本军队抓住杀头,而围观的中国人竟无动于衷。

课堂上的日本学生得意扬扬地欢呼:"万岁!"这叫声让鲁迅听起来觉得那么的刺耳,更何况耳中又飘来一句窃窃私语:"只要看看中国人的样子,就可以断定中国必亡。"

鲁迅看到银幕上无论是被枪毙的中国人,还是作看客的中国人,体格都很强壮,但是他们的精神却是那样的麻木。这使鲁迅痛切地感到:医学并非紧要,如果思想不觉悟,即使体格健壮,也无济于事。

当时鲁迅认为头等重要的还是改变人的精神,而善于改变精神的是文艺。于是,鲁迅决定弃医从文。

鲁迅在日本留学期间,最尊重的老师就是藤野先生。藤野生活朴素,当时的教授上课,来回都坐人力车,而藤野则是步行。藤野住在空堀町,离仙台医专有步行三五分钟的距离。

鲁迅离开仙台前曾到他家去过,他送给鲁迅一张照片,背面写上:"惜别。藤野谨呈周君。"

鲁迅为了安慰藤野,曾故意说:"我想去学生物学,先生教给我的学问,也还是有用的。"

1906 年 3 月,鲁迅办理了退学手续,那时这一学年还没结束。他离开仙台,到东京开始了新的人生旅程。

锲而不舍地坚持写作

鲁迅于1906年春天重返东京。回到东京的鲁迅只是把学籍放在了东京德语协会的德语学校。这时，鲁迅的身份依然是官费留学生，但他不再进正式学校了，只想学外语，用来敲开外国进步文学的大门。

回东京后，鲁迅将弃医从文之事告诉好友许寿裳。鲁迅以为，许寿裳能够理解他的决定，其余人大概只会暗笑他丢掉能谋生的专业、选择了不能赚钱的文学。鲁迅不管这一切，他就是要走自己的路。

这时，鲁迅的母亲给鲁迅订了婚，女方是朱姓姑娘。鲁迅在日本得知后，便写信表示反对，提出要朱家姑娘另嫁他人。家里人拘于旧俗，认为悔婚对两家名声都不好，姑娘更没人要了，便托族人周冠五写信去规劝。

鲁迅心情很是复杂矛盾。出于对母亲的尊重和爱，认为她给找的女人大概不会错的，就勉强答应下来。但在回信的时候，提出两个要求，要娶朱姑娘也行，一要她放脚，二要她进学堂读书。朱姑娘名朱安，是位旧式女子，思想保守，认为脚已经定型，放不大了；女人进学堂，也不合习俗，所以都没有实行。

鲁迅不愿违抗母命，不想让母亲难过，他想："母亲愿意有个人陪伴，就随她去吧！"鲁迅终于怀着这样的心情，同意和朱安结婚。鲁迅的婚姻不是为了对朱安的爱，而是对母亲的顺从。

鲁迅回国了却了母亲的心愿之后，立即带上弟弟周作人回到了东京。

　　在日本留学期间，鲁迅深受革命家章太炎的影响，站在革命派立场，开始了对维新运动的批判。当时的东京，以孙中山、章炳麟为代表的革命派，与康有为、梁启超等保皇派，进行尖锐的斗争。

　　鲁迅师从章太炎，与陶成章等革命派往来密切，并成为反清革命组织光复会的成员。

　　章太炎是国学大师，这时东渡日本，一面为《民报》撰文，一面为青年讲学。其讲学之地，开始是在大成中学的一间教室里。

　　1908 年 7 月 11 日，鲁迅等人来到章太炎先生在民报社的寓所，开始向这位学识与胆识都超群的老师学习。在狭小的寓室里，师生席地而坐，中间是一张小矮桌。8 时整，章先生准时开讲。讲的是音韵学，先讲他总结的三十六个声母和二十二个韵母。从容不迫，侃侃而谈，言辞深奥，但是没有一句空话。

　　在这之后的几个月，每逢周末，鲁迅和其他几位同学都要到民报社听讲。章太炎先生在不到半年的时间里，给他们讲了《说文解字》《尔雅义疏》，还讲了一些文学知识。

　　据说章太炎先生爱发脾气，可是对于青年学生，却和蔼可亲，随便谈笑，就像家人朋友一样。

　　鲁迅凝神谛听，很少发言。

　　有一次，章太炎问："文学的定义是什么？"

　　鲁迅回答说："文学和学说不同，学说所以启人思，文学所以增人感。"

先生听后说："这样区分虽略胜于前人，但仍有不当。比如郭璞的《江赋》虽然是文学作品，却怎么能让人哀乐呢？"

鲁迅沉默不语了，回去后，他对自己的朋友说："先生解释的文学概念，范围过于宽泛了。实际上，文字与文学是应当有区别的。《江赋》这一类的作品，很难有什么文学价值。"

章太炎先生那时生活贫困，一天仅吃两餐素食，但是精神健旺，双目炯炯。他广博的见识、高超的思想，都深刻地影响了鲁迅。

当时，鲁迅与朋友们讨论最多的是关于中国国民性的问题：怎样才是理想的人性？中国国民性中最缺乏的是什么？它的病根何在？通过这种思考，鲁迅把个人的人生体验同整个中华民族的命运联系起来。探索国民性问题成为鲁迅一生的思索，奠定了他的基本思想基础。

鲁迅在弃医从文后，渴望用文艺为武器追随革命派为祖国的新生而战斗。他确信文学艺术可以改变人们的精神，进而使祖国获得新生。因此，鲁迅决定和几个志同道合的人商量办一个文艺性的杂志，以此来作为园地，发出自己的声音，表达自己的理想，为祖国尽一点力量。

鲁迅对欧洲文艺复兴时期那种活力强劲的文学充满了好感，所以用但丁的一本诗集的名字《新生》作为这个刊物的名称，取"新的生命"的意思。

当时在东京的中国留学生中，有不少学习法政、理化以及工业的，但学习文学和美术的却非常少。就在这冷淡的气氛中，好不容易找到了几个人，于是开始着手准备了。

鲁迅为这个刊物做了不少工作,约了一些稿子,连封面、插图都选好了,稿纸也印出来了,《新生》就要诞生了,鲁迅激动万分。

　　出版的日期快到了,但是走掉了一个作者,接着能给这个杂志出钱的人也走了。

　　鲁迅返乡结婚之前,答应支持这个刊物的有许寿裳、陈师曾、袁文薮、苏曼殊等人。可是这次到东京后,虽然多了一个周作人,但袁文薮却到英国留学去了。袁文薮对于这个杂志的命运是至关重要的,因为原来要由他垫付创办刊物的款项。袁文薮这一走,就只剩下一文不名的三个人了。

　　虽然刊物没办成,但鲁迅仍不放弃,继续如饥似渴地阅读各种书籍,孜孜不倦地进行翻译和练笔。

　　为了唤醒民众,激励斗志,他更加认真地学习和翻译外国文学作品,特别是那些被压迫民族的进步文学作品。他当时最喜欢的作家是俄国的果戈理、日本的夏目漱石、匈牙利的裴多菲等。

　　因为当时日本很少翻译这类作品,鲁迅便经常去旧书摊,买来德国文学旧杂志,看出版消息,以便及时搜求。有时,他开出书目托相识的人,向日本书店订购某种书——常常要等待两三个月后,才能由德国远道寄来。

　　当他觉得自己的文章可以拿得出手的时候,他开始投稿了。最初鲁迅把稿子投到上海商务印书馆,稿子寄出去之后,他便焦急地等待着,期望有一天登载他的文章的刊物寄到自己的手中。

过了很久,上海给他寄来了邮件,但不是登着他的文章的刊物,而是他寄出的稿子原封不动地被退了回来。鲁迅没有灰心丧气,他一如既往地追求下去。

鲁迅把新写的稿子又寄给上海商务印书馆。可是不久又照样被退回来了,而且附了字条,说是这样的稿子,不要再寄来了,这很使鲁迅感到失望。

不过鲁迅还是继续写文章,然后寄出去,他以这种坚韧的性格,开始了文学道路的第一段路程。正是这种坚忍不拔、锲而不舍的精神,使他排除了前进道路上的千难万险,胜利地走到了目的地。

为了革命的文学事业,鲁迅不辞辛劳地工作着,他不停地寻书、买书、学习、翻译……常常废寝忘食,通宵达旦。

他读书的趣味很广泛,每次从书店归来,钱袋总是空空的,他和许寿裳相对苦笑,说了一声:"又穷落了。"

但是鲁迅的生活过得相当简朴,他只有单的、夹的、棉的三套衣服。在东京的几年,他几乎没有添置什么东西。为了贴补生活的不足,他又为湖北留学生翻译的《支那经济》全书做校对工作。可是只要有点钱,又被他用到了买书上。

鲁迅坚持写作,他从1907年底至1908年,先后在《河南》杂志发表了几篇重要论文。其中《人的历史》介绍达尔文的生物进化学说和西方科学思潮的演变。1908年发表了《文化偏至论》《科学史教篇》《摩罗诗力说》,分析西方资本主义文化发展的历史特点及其存在的偏颇。

《摩罗诗力说》满怀信心地呼唤着敢于反抗的拜伦式的精

神战士,这是鲁迅弃医从文后所写的第一篇文学论文,标志着鲁迅更坚实地踏上了文学的道路,并且是以一个勇猛的反抗者身份踏上这条道路的。

在日本留学的七年,鲁迅广泛涉猎外国的自然科学、社会学说、文学艺术和哲学,开始形成早期的社会思想和文艺思想,成为反帝反封建的革命民主主义者,并且确定了用文学作为自己为祖国的独立自由、为人民的思想解放而抗争的武器。

思索中国革命历史教训

1905 年 7 月,孙中山从欧洲来到日本。8 月 13 日,在东京开欢迎会,孙中山发表演讲,盛况空前。在孙中山的领导下,原来的革命团体兴中会、光复会、华兴会联合起来,组成了中国同盟会,并以"驱除鞑虏,恢复中华,创立民国,平均地权"为纲领。

鲁迅刚返回东京的时候,仍住在原住地伏见馆。由于厌恶那些住在同馆里的热衷于升官发财、语言无味的留学生,到了第二年春天,就搬出来了。

第二个寄居的地方叫中越馆,地点十分清静,可是房租饭费比较贵,伙食十分糟糕。

1908 年春天,鲁迅的好朋友许寿裳结束了在东京高师的学业,准备去欧洲留学,就在本乡区西片町找到了一所房子。那里原来是一个日本绅士的家宅,庭院广阔,花木繁茂。但是费用大,非拉几位朋友合租不可,鲁迅也被拉去了。

因为一共是五个人，这个住宅就叫作"伍居"。鲁迅从 4 月搬进去，住到了 1909 年初春，差不多十个月。

1906 年秋冬，因为偶然的机会，鲁迅认识了两位日本著名进步人士。和他们谈话之后，觉得非常投机，因此鲁迅就购买了其中一人编辑发行的理论刊物《社会主义研究》，共五期。这套书鲁迅在东京一直保存着，算是他早期接触社会主义学说的一条重要线索。

同盟会成立后，他认识了许多革命派的人物，比如徐锡麟和秋瑾，还有陶成章。他们交往密切，这些朋友，几乎每天下午都到鲁迅的住处来，彼此畅谈理想，交流革命活动情况。

陶成章，字焕卿，是光复会的副会长，他经常用草绳做腰带，穿着草鞋，在乡间来往，计划起义，被章太炎戏称为"焕强盗""焕皇帝"，鲁迅也这么称呼他。陶成章喜欢在鲁迅的寓所中眉飞色舞地谈话，口讲手画，讲什么地方不久就会"动"起来。他曾为了防止日本警官搜查，把一部分会堂文件托鲁迅保管。其中有一个空白的票布，布上盖有印章。票布是红缎的，即"龙头"级别的票布。陶成章笑着对鲁迅说："填给你一张正龙头的票布如何？"

据有人考证，"正龙头"是当时秘密组织里一种很高的职位，是仅次于"君主"以下的"将帅"，是可以自开"山堂"的"老大哥"。

这表明了陶成章对鲁迅的信赖，认为鲁迅是意志坚定的革命同志。

后来，鲁迅曾说："我曾经当过强盗，强盗的情况，我可熟悉啦!"这里所谓的"强盗",就是鲁迅戏称革命党人的话,说明他当过革命军。

还有一个人,叫作蒋智由,来到日本很多年了,是一个很有名望的维新派并主张革命的人物。鲁迅和许寿裳曾去拜访过他。蒋智由为了参加光复会,一度把"智由"写成了"自由",以表示他革命思想的激烈,但实际上他却是个投机分子。在他留日之前,很受梁启超的赏识,当了革命党后,写过送给陶成章的诗,还在革命派中传诵了一时。在他还没变节的时候,鲁迅有一次见到他,谈到服装问题,他说:"我觉得还是清朝的红缨帽看起来有威仪,而我现在穿的西式礼服就无威仪。"

鲁迅和许寿裳听了,感到很奇怪。告辞出来之后,在路上鲁迅便说:"智由的思想变了。"

许寿裳点点头,表示同意。从此他们就再也不和他来往了。

果然不久,蒋智由就改为主张君主立宪,反对革命了。鲁迅鄙视这种人,送给他一个绰号——"无威仪"。

1907年7月,有消息传到日本,说安徽巡抚恩铭被刺杀了,刺客是徐锡麟,已经被抓到了。不久,又传来秋瑾被杀害的消息。徐锡麟和秋瑾的被害,激起了鲁迅的万分悲痛,他们都是革命者啊!

当徐锡麟的案子波及秋瑾时,大家都劝她去避难,但是她不愿丢下自己的学生们一走了之,终于血洒绍兴轩亭口。

但是听说徐锡麟死的时候,心被挖出来,给恩铭的亲兵炒着吃掉了,大家都非常愤怒。在日的绍兴籍留学生就开会,讨论对徐、秋两案的处理方式。

蒋智由主张发电报给清政府，要求不再滥杀党人。革命派大力反对，认为说话别无用处，顶多是痛斥清政府惨无人道而已。

在会上，双方辩论得很激烈，蒋智由说："就算是猪被杀的时候，还要努力叫几声呢！"

鲁迅反驳说："猪才只能叫一叫，没别的本事。人可不能就这样罢休了！"

会后，鲁迅就仿造蒋智由写给陶成章的诗，写一首打油诗，以表示愤怒和嘲讽。蒋智由的原诗是："敢云吾发短，要使此心存。"大有以"此心"酬革命的样子。

鲁迅只改动几个字："敢云猪叫响，要使狗心存。"

于是活生生地描绘出了蒋智由的原型。这类保皇派，在鲁迅的心目中，就是一群猪狗。但是鲁迅与那时的革命党人也有分歧，他并不同意他们一时意气用事，进行暗杀、冒险活动，他认为这些冲动的行为，是不会带来真正的胜利的。

有一次，革命党人命令他去暗杀，他就说："我可以去，也可能会死，死后丢下母亲，怎么办？"

他们说："你总担心死后的事情可不行，如果是这样，你就不用去了。"

其实，鲁迅也有强烈的爱国心，但是他主张脚踏实地的持久战，不太赞成逞一时之勇。他自谦地说："革命者叫你去做，你只得遵命，不许问的。我却要问，要估量这事的价值，所以我不能做革命者。"

鲁迅还认为光复会连政治纲领都没有，所以它注定了要失败的。他同时自嘲地说:"我就是属于光复会的……我们那时候,实在简单得很。""那时的讲革命,就像儿戏一样。"

鲁迅经常在思考中国革命的历史教训,启示人们去观察中国的民主革命,是怎样经历幼稚而曲折的道路,最后逐渐走上胜利的坦荡大道的。

启发学生破除旧观念

鲁迅曾想去德国留学,无奈凑不出学费,加上母亲与尚未毕业就已成婚的弟弟周作人需要他的经济帮助,鲁迅只好回国谋职了。1909 年 7 月,鲁迅结束了前后七年的日本留学生活回国。

鲁迅回国的时候,尽管清王朝的末日已经不远了,但毕竟还是存在着。那个愚昧、落后、保守的象征——长辫子,依然拖在男人的脑袋后面。

为了避免意外的麻烦,鲁迅一到上海便先去买了条假辫子。然后他就戴着这个假辫子回乡,众人用怀疑的眼光研究他的辫子,当发现辫子是假的时候,都为他捏了一把汗。

有一位本家甚至准备去告官,只是担心革命党的造反也许会成功,才打消了这个念头。

鲁迅还听说,缺少一条辫子要招惹许多难听的罪名。一个是与别人家的女人关系不正常,因为那时候捉住了这种人,首先要剪掉他的辫子。一个是"里通外国"。

鲁迅对此非常愤慨,他想:"如果一个没有鼻子的人在路上走,大约未必会这样受苦,而缺少一条辫子却要受到社会上这样的侮辱。这是多么的愚昧,多么的可怜啊!"

此时,于1909年4月先期回国的许寿裳,已经当上了杭州两级师范学堂的教务长。

浙江两级师范学堂,又称浙江官立两级师范学堂,是中国建立最早的六大著名高等师范学校之一。两级师范的薪水为浙江全省之最,而且功课又轻,每个人都想进去。

有许寿裳在,鲁迅自然方便,况且监督沈钧儒十分开明,所以许寿裳一推荐,鲁迅便得到了教职,任化学、生理教师,兼作日籍教师铃木的日语翻译。

为了上好课,加上还要翻译许寿裳上课需要的资料,鲁迅每天都要熬夜。幸好有校工陈福帮助他处理日常杂事,鲁迅才得以安心备课,取得了非常好的效果,连别班的学生也来要讲义。

鲁迅住在学校第一进房子的西首楼上,房子位置很好,又宽敞,里面堆满了书籍和制作标本的工具,可见鲁迅的专业兴趣。西楼住了好几位单身教师,他们一有空就喜欢到鲁迅屋子里来玩。

尤其是每到周六中午,都要来聚餐。鲁迅酒量不大,可是喜欢喝几杯。原本泛黄的脸颊发红之际,鲁迅便开始发挥讲讽刺笑话的才能了。

夏丏尊回忆说:

鲁迅平时不大露笑容,他的笑必在诙谐的时候。他对于官吏,似乎特别憎恶,常模拟官场的习气,引人发笑。他在学校里是一个幽默者。

那时,鲁迅的周围确实有一群不错的同仁,使得他的教师生活没有陷入寂寞。鲁迅自己似乎也很珍惜,一发薪水就请他们到城里下好馆子。

中午聚会结束后,鲁迅常会邀上生物教师杨乃康或学生,有时也独行,去西湖的孤山一带采集植物标本。他这样做不仅因为他觉得生物教学必须走进大自然,更因为百草园的美好记忆。

鲁迅不仅学识渊博,精通生物学、生理学,而且尊重科学,严肃认真。鲁迅确实喜欢探究大自然,并在积极准备写一本《西湖植物志》,以充实教学、愉悦自己。最终虽未能完成此著,却使鲁迅在两级师范有过一段忙碌快乐的生活。

鲁迅有着先进的教育思想,他倡导民主主义新文化,反对封建主义旧文化,通过讲授自然科学知识,启发学生破除旧观念、旧传统。

教生物学时,鲁迅用通俗浅显的例子讲授"胚胎学",批判"转世轮回"的宿命论观点。鲁迅还应学生的要求,加讲生殖系统的内容。

在他所编的生理学讲义,长达约十一万字的《人生象斅》里,就有关于生殖系统的一章。当时全校师生都惊讶不已,鲁迅却毫无顾忌地去上课。他的老同事夏丏尊回忆当时的情景说:

> 周先生教生理卫生,曾有一次,答应了学生的要求,
> 加讲生殖系统。这事在今日学校里似乎也成问题,何况在

三十年前的清朝时代。全校师生们都为之惊讶,他却坦然地去教了。他只对学生提出一个条件,就是在他讲的时候,不许笑。

他曾向我们说:"在这些时候,不许笑是个重要条件。因为讲的人态度是严肃的,如果有人笑,严肃的空气就破坏了。"大家都佩服他的卓见。据说那回教授的情形,果然很好。

别班的学生因为没听到,纷纷来要油印的讲义。鲁迅指着剩余的讲义,说:"恐怕你们看不懂,要么,就拿去。"

在教育方法上,鲁迅非常重视调查研究和科学实验,使学生看得见,摸得着,能理解,记得牢。

日语翻译是在课堂上即席进行的,日本教师讲一句,鲁迅翻译一句,学生就根据他的口头翻译来做笔记。铃木偶尔讲错了,鲁迅就在翻译时代为纠正。学生在课堂上向铃木提出问题,有的提得不当,鲁迅就直接处理了。翻译这个差事是不容易做好的,但是鲁迅却做得很好,深受学生的赞许。

为了帮助铃木教好植物学,鲁迅与学生采集了许多植物标本。

有一次,在采集标本的途中,学生们看到路边一株开着小黄花的植物,指着问铃木老师它叫什么?

铃木应声答道:"一枝黄花。"

学生们竟然哄堂大笑起来,原来他们以为铃木不懂,是信口开河随便说说的。

鲁迅在一旁很严肃地对大家说:"我们做学问,知就是知,不知就是不知,不能强不知为已知,不论学生或老师都应该这样。你们可以去查查植物大词典,刚才这种植物属于菊科,有图可以对照,学名就是叫黄花。"

鲁迅敢于满足学生的正当要求,敢于开风气之先,他那种锐意革新的精神,深受大家的尊重和喜欢。

放学后,学生们常常到鲁迅的宿舍里,向他请教问题。他一点也不摆架子,总是态度和蔼,耐心地解答。有时直至深夜,他也从不厌烦。

当学生离开他的宿舍时,鲁迅总要挑起灯笼相送,嘱咐他们:"慢慢走,别滑倒了。"回来后,他常常继续工作,甚至直至天明。

有位同事见到鲁迅的鼻孔总是被煤油熏得黑黑的,身体也消瘦了不少,便对他说:"你知识那么渊博,何必这么费劲呢?"

鲁迅笑笑说:"我这样工作,已经习惯了。"

鲁迅在杭州一年,工作十分勤奋,生活却非常简朴、刻苦。许寿裳曾回忆说:

> 鲁迅极少游览,在杭州一年之间,游湖只有一次,还是因为应我的邀请而去的。他对于西湖的风景,并没有多大兴趣。"保俶塔如美人,雷峰塔如醉汉",虽为人们所艳称,他却只说平平而已。烟波万顷的"平湖秋月"和"三潭印月",为人们所流连忘返,他也只说平平而已。

鲁迅也不讲究穿着,一件廉价的长衫,从端午节前一直穿到重阳节。他晚上总是工作、学习,睡得很迟。强盗牌香烟、年糕,这两样东西是每夜必须准备的。

每晚摇就寝铃之前,工友陈福就替鲁迅买好那两件东西。星期六夜里,准备得更充足。

鲁迅在浙江两级师范学堂任教期间,与师生、工友都相处得十分融洽。

领导反对顽固派的斗争

鲁迅在浙江两级师范学堂任教的前几年,在民主精神不断高涨的影响下,浙江学界多次发生风潮。

1909年11月,清政府为了加强镇压,派袁嘉谷出任浙江提学使。行前,摄政王载沣召见袁嘉谷,"面谕"不得"因循敷衍"。就在这时候,沈钧儒被选为浙江咨议局的副局长。

于是,浙江巡抚增韫,就乘机请出夏震武继任两级师范学堂的监督。

夏震武,浙江富阳人。原来是省教育会会长,提倡所谓"廉耻教育"。夏震武在就任前,以为后台强硬,有恃无恐,要求增韫"始终坚持,不为浮议所摇,教员反抗则辞教员,学生反抗则黜学生"。

在得到增韫的肯定答复后,夏震武于1909年12月22日到校,一到校便扬言:"神州危矣!将有普天为夷之惧。"可见夏震武是个鲁四老爷式的人物,是连保皇立宪都要拼死反对的封建顽固派。

夏震武在来校上任的前一天,叫人送来一封信给监学许寿裳,信中大意是说,他准备明天到校,全校教师必须各按自己的品级穿戴礼服,在一进会议室迎候,必须设立"至圣先师"孔夫子的神位,由他率领全体教师"谒圣",不得有误。

这封信在大家手中传阅,引起了轩然大波。鲁迅认为孔子是权势者的圣人,不值得参拜。也有些教师认为,如果按各人的品级穿戴礼服去见夏震武,等于是官场里下属参见上司的"庭参"礼节,有损于教师的人格。面对夏震武的倒行逆施,许寿裳、鲁迅等进步教师决定给他一个反击。

第二天,夏震武头戴白石顶帽子,身穿天蓝色大袍,外罩天青色套子,脚穿一双黑靴,冠冕堂皇地来到两级师范学堂。跟随他来的还有各府代表十余人,可甬道上却冷冷清清。

夏震武走进会议室后,教师们三三两两地进来,也不向夏震武打招呼,自顾自地找位子坐下。教师们也根本没有按照他的要求穿戴什么礼服。特别是鲁迅,特意穿了西装,留着洋发,连假辫子也不装一条。

夏震武面对这个"髡首易服"的"异党"简直火冒三丈了。

夏震武再转眼一看,会议室正中长方桌上空空如也,并没有供着"至圣先师"的神位。夏震武气得大骂学校是"种种腐败,非急于整顿不可"。

鲁迅寸步不让,厉声要求夏震武将学校腐败之处指出来。其他教师也纷纷站起来提出责问,夏震武被众人问得哑口无言。

当天,全校教师罢课,并由许寿裳领头拟写《师范教员全体上增中丞书》。

夏震武气急败坏,写信给监学许寿裳,责以三罪:"非圣无法""蔑礼""侵权"。信中还说,有此三者已经足以辱没师范,加上连日开会、相约停课、顿足谩骂,是无耻者之所为。还说请自动辞去职务,不要污损师范等。夏震武又命令教师立即照常上课。

　　教师们见到夏震武的信,愈加气愤,大家决心继续进行斗争。如果夏震武赖在学校,则大家都离开学校。

　　鲁迅鼓励大家:"只要团结一起,大家一条心,我们就能胜利!"

　　经过商议,教师们决定搬到湖州会馆。不久,鲁迅和十多位住在校内的单身老师,将行李杂物全部搬到湖州会馆。并电禀学部,公禀浙抚及提学使,请为辩清名誉。

　　夏震武继续负隅顽抗,他骂许寿裳是梁山上的"白衣秀士",鲁迅则是"拼命三郎"。还打算提前一个月放寒假,企图把教员们分散。

　　可是这事早已惊动了整个学界,其他学校的教员也起来声援了。省城各学堂在仁钱教育会开会集议,《申报》登载了《学界公启》:

　　　　两级师范学校监督夏震武对于教员,滥用威权,串引外人,蹂躏师校,人所共知,无烦赘述。既为清议所持,竟至悍不知耻,违背部章,提前放假。似此以私人志气,凌蔑学界,贻害学生,大局何堪设想!

　　　　凡为学界一分子,均得主张公道,维持教育前途。同人等准于十九日午后四时,假木场巷仁钱教育会开会集

议,公决办法。事关吾浙学务全局,非区区为教员鸣不平
也。届时务乞早临为盼!

全省学界也议齐集省城,公决维持的办法。《申报》以《两
级师范风潮再志》为题报道了这一消息。

罢课坚持了两个星期,少数科举出身的老师有些动摇了。
夏震武乘机来拉拢这几位教师。

鲁迅知道后,严肃地指出:"这个时候,我们当中如果有人
三心二意的话,就会有不少人将被夏震武革除,新开的课程,也
大都会被砍掉,那我们就会前功尽弃了。现在只有坚持下去!"

鲁迅的话坚定了大家的信心,斗争终于坚持下去了。

迫于形势,提学使发出了一份公告,其中虽然有"提前放
假,显违部章"之语,但不认为夏震武提前放假有错。省城各校
教员又一次集会,公决催请提学使速行宣布解决风潮的办法。
由于教员坚持斗争,提学使只得召见夏震武,说奉巡抚大人指
示,师范学堂暂由自己管理,并由孙廑才太史智敏协助。实际
上是令夏震武辞职,由孙智敏任两级师范监督。

斗争终于胜利了。新任监督孙智敏亲到湖州会馆来请鲁
迅等教师返校。夏震武平日为人木头木脑,顽固不化,鲁迅他
们诙谐地称他为"夏木瓜"。鲁迅因此也就把这场反对封建顽
固派的斗争,称作"木瓜之役"。

这是鲁迅在教育界的第一次大胜利。然而,胜利者的心态
并不会因为胜利而变得轻松。许寿裳因担心社会说他想谋取
校长职位发起了驱夏运动,于是在胜利之后立即辞去监学之
职,前往南京。

许寿裳一离开,其他人也散去了,朱希祖去了嘉兴二中,钱均夫则任浙江省立第一中学校长。

不久,上面又派一个御史出身的旧派人物来担任监督,鲁迅很不满意,学期结束后,就回了绍兴,到绍兴中学任职。

上课从来不照本宣科

1910年暑假,鲁迅回到绍兴,应绍兴府中学堂之聘,教“天物之学”,即生物学。此时的鲁迅已经三十岁。

鲁迅教学严谨,学生都以为他的来头很大,因他与同盟会有关系,而且是英雄徐锡麟的朋友。于是同学们更加敬重他,鲁迅的工作也因此十分省力。

当年10月,陈子英接任绍兴府中学堂监督。经陈子英推荐,鲁迅担任该校监学,兼生物课教员。当时的府中,学制五年,博物课分五门课程,每年开设一门。鲁迅任生物课教员,教两门课程,即三年级的植物学,四年级的生理卫生,每周各两小时。

据当时绍兴府中学堂的学生宋崇厚回忆:

1910年秋,鲁迅三十岁,他留短发,没有像一般人拖在脑后的辫子。走起路来挺胸、直腰,很有精神。他的步子走得比较快,而且习惯于走在路中央。

他的风度,同那些弯腰曲背,行走缓慢的教经学、修身的先生大不一样。在他身上好像有一股使不尽的力量。

剪了辫子的鲁迅对服饰很不讲究,头发也任它生长,没有时间去修理。

一天，学校里的同事忍不住对鲁迅说："你去理理发好不好呢？这样看上去也好看些啊！"

鲁迅诙谐地说："怎么？要我花钱给你们好看？这种事我做不到。"一屋子的同事听了都大笑起来。

学校中热情冲动的学生们对祖宗留下来的辫子也起了反感。有一次，学生们推举代表来找鲁迅，商议剪辫子的事情。出乎意料的是，鲁迅劝他们说："我看你们还是不剪的好，再等一等吧！"

学生们面面相觑，一个学生反问道："先生认为究竟是有辫子好呢，还是没有辫子好？"

鲁迅和蔼地说："没有辫子好，但是我还是劝你们不要剪。"

吃够了剪辫子之苦的鲁迅，是从爱护学生的角度出发考虑的。剪掉区区一条辫子，也不能使革命早日成功，反而把顽固派的目光集中到脑袋上，招来一些不必要的麻烦。所以他才劝学生不要做无谓的牺牲。

但是学生们并没有理解鲁迅的苦心，都不高兴地离开，还抱怨鲁迅是个言行不一的人。

过了几天，鲁迅发现在讲台下的许多辫子中间夹杂了几个光头。他装作不知道，照样讲课，心里却为他们捏了一把汗。又过了两天，有六个学生剪去了辫子，当晚便被学校开除。他们学校留不得，家又不敢回，吃够了剪辫子的苦，这才体会到鲁迅的苦心。

鲁迅教剪了辫子的学生在上学时戴一种运动帽，他自己先戴上,以稍稍避人眼目,免遭恶势力的迫害。"震骇一时的牺牲,不如深沉的韧性的战斗。"鲁迅走向了成熟。

鲁迅讲课,态度从容,语言精练而风趣,条理清楚。他上课从不照本宣科,总是从容地讲述他自编的讲义,有时用图表,有时联系到自己的亲身经历,使学生听了感到特别亲切、通俗、易懂。

此外,鲁迅还常常指导学生听课和学习的方法,他要求学生上课时专心听讲,课后对照讲义认真复习,不懂的要及时弄清楚,这样才能有学习效果。

鲁迅讲授生理卫生,理论联系实际,深入浅出,使学生易于心领神会,几十年不忘记。

为丰富生活,鲁迅接触了当地的革命文人社团,只见里面尽是旧式才子气息。他又失望了,又想离开了。

鲁迅早年在故乡读书时,原名豫才。所以回到绍兴府中学后,大家还亲切地称他为"豫才先生"。可是鲁迅自己却常把"豫才"写成"预才"。

有的教员觉得奇怪,在闲谈中问他:"豫才先生,你这个'豫'和那个'预'是不是相同的?"

鲁迅回答说:"这两个字原来是一样的。我的长辈给我取名'豫才',是希望我成为'豫章之才',可是我还要预备呢,所以我喜欢写这个'预'字。"

大家听了都觉得很有趣,禁不住笑了。

鲁迅在绍兴府中学堂任学监时,课余时间便常到泰生酒店小饮。因为酒店临河,自备乌篷船,船舱里养着多种鲫鱼。人在雅室开窗俯瞰，鲫、鲤、鲭诸种活鲜一目了然，点食即捕，烹煮上桌，鲜鱼美味，令人难忘。

当时，鲁迅最爱吃的河鲜是清蒸鲫鱼。宴请朋友时，他总要点这道菜。当然，鲁迅先生有时也以鱼干、酱鸭、糟鸡佐酒，而且特别喜食火腿。

在绍兴府中学堂的日子，也是鲁迅最为难忘的一段经历。

敢于"踢鬼"的人

转眼之间，鲁迅回到绍兴任教已经一年多了。在辛亥革命还未爆发之前，鲁迅一直把自己当作"预备"之才，积极做着迎接革命风暴的准备工作。

在教学之余，鲁迅常常利用假期，与三弟等人一起到会稽山一带采集竹屋标本，并写下了《辛亥游录》二则，记录他登山、临海、采集植物标本时的情景。

鲁迅还经常带领学生走进社会，与实际生活接触。他一直对治水英雄大禹非常景仰，所以在春天的时候，他就组织全校师生到大禹陵游览，探访禹穴，以大禹的事迹，启发学生抗清爱国的革命思想。

同年，鲁迅在课余时间里辑录唐代以前的小说，后来成书《古小说钩沉》，还辑录了会稽的历史地理逸文，后来成书《会稽郡故书杂集》。此外，他还负责编辑了《越社丛刊》第一集。

绍兴府中学离鲁迅的家大概有五里远，为了能多挤出些时间工作,鲁迅平时住在学校,只有到了星期六才回家一次。

鲁迅回家的路有两条,一条是石板铺成的大路,虽然好走些,但是比较绕远;另外一条泥路,走起来近得多,只是这条路上几乎没有人烟,而且还要经过一个坟地。

鲁迅为了节省时间,常常走那条泥路。一天晚上,鲁迅因为学校里事忙,直至深夜才回家。将近岔路口的时候,他心里盘算着:"这么晚了该走哪一条路呢?泥路虽然难走,但毕竟近得多,时间还是宝贵的呀!"于是他决定和往常一样,仍旧走那条近路。

乘着朦胧的月色,鲁迅迈着急促的脚步往前走。当他将走近坟地的时候,突然看见一个白色的东西在面前晃动:一会儿高,一会儿低,一会儿大,一会儿小,渐渐缩成一团,仿佛一块大石头,挡住了正面的去路。

一阵阴森森的风吹来,鲁迅不禁打了个寒噤。于是他放慢脚步,边看着周围的动静,边在心里想:"这样的深夜不会有人在这里走动吧?倘说真的是人,深夜跑到坟地来干什么,而且鬼鬼祟祟地团缩在那里?倘说不是人,又究竟是什么东西呢?难道是'鬼'?"

鲁迅学过医,解剖过尸体,知道人死神灭,世间没有鬼。可是前面那团白色东西,忽大忽小,忽高忽低,真一时不清楚是什么东西。

"看来这次真遇上了人们传说的、会变化的'鬼'了!应该走近瞧个明白。"鲁迅心里想,于是加快了脚步,盯住那团白色的东西,走了过去。

那段时间,鲁迅正好在辑录中国古代散失的小说,看到了不少谈鬼说怪的材料。他觉得眼前真是个难得的好机会,可以试一试"鬼"的神通,看它有没有像笔记小说里讲的那样本领,会在人前变幻各种狰狞可怕的面目。

当时鲁迅正好穿着一双硬底皮鞋,他决定踢"鬼"一脚。当鲁迅走近那团白东西时,那东西却突然缩小了,蹲下了,靠在了一个坟堆。鲁迅看准它,抬起右脚,猛踢出去,正好踢了个正着。

只听见"哎哟"一声,那个"鬼"霍地站起来,慌慌张张地跑了。原来,那个"鬼"是一个盗墓的小偷。

鲁迅大笑起来,说:"原来'鬼'也是怕踢的?踢你一脚,怎么倒变成人啦?"

这就是鲁迅,无论对于什么"鬼",都不害怕,不退却,决心踢它一脚,让它露出真相来。

对学生和蔼可亲的校长

1911年10月,辛亥革命爆发,鲁迅怀着热烈的心情迎接它。

1911年11月5日,杭州光复的消息传到绍兴后,人民群众欢欣鼓舞。当天,以鲁迅的学生为主的越社,在绍兴开元寺召开了一个迎接光复的大会。越社是1908年同盟会会员陈去病在绍兴府中学堂任国文教员时组织的革命文学团体,府中的宋紫佩等人是骨干。鲁迅被推为大会主席,并发表了振奋人心的演说。

鲁迅当下提议了若干临时办法,例如组织讲演团,分发各地去演说,阐明革命的意义和鼓动革命情绪等。关于人民的武装,鲁迅说明在革命时期,人民武装实属必要,讲演团亦须武装,必要时就有力量抵抗反对者。

有一天,鲁迅发现街上有些店铺在上排门,有些人正在仓皇地从西往东奔走。一问才知道,是谣传有败残清兵要过江来绍兴骚扰,群众不明真相,很是慌张。鲁迅决定,立即击退谣言,安定人心。他迅速赶到绍兴府中学堂,发动学生整队上街宣传。

大家的手脚很快,一会儿工夫就印好了许多张油印的传单,报告省城光复的经过和说明,绝没有清兵过来的事情。

传单印好后,随即打起钟来,学生立时集齐于操场,发了枪,教兵操的先生也跑来了,挂上一把较阔厚的可以砍刺的长刀,这无非是防备万一的。小心怕事的校长,抖抖索索地到操场上来讲话,想设法拦阻,但没有用处。

在路上,鲁迅等一班人分送传单,必要时向人们说明,让他们不要无端起慌。这次游行宣传很有效果,人心安定下来了,关上的店门又打开了,大家以为革命军已到,绍兴已经光复了。

鲁迅对这段经历很是感奋,每逢谈起,他总带着不少的兴趣描述当时的情景,就好像刚刚出发回来,是那么的新鲜和感动。

人心安定了,反革命势力却乘隙而入。杀人魔王绍兴知府程赞卿为首的一些人,趁革命军正式进入绍兴府前的几天,伪装拥护革命,成立了所谓"绍兴军政分府"。

鲁迅与范爱农第二天到街上走了一通,发现满眼是白旗。然而貌虽如此,而骨子是依旧的,因为还是几个旧乡绅所组织的军政府,铁路股东是行政司长,钱店掌柜是军械司长,鲁迅对此充满了蔑视和愤慨。

　　幸而传说当时革命军首领之一的王金发真要率领革命军到绍兴了。鲁迅便率领学生,兴高采烈地去迎接。第一天等到深夜,没有来。第二天晚上又去等,终于来了。整个绍兴沸腾了。人民群众提着灯笼,举着火把,热烈地在街上欢迎王金发的军队。

　　程赞卿组织的挂羊头卖狗肉的所谓"军政分府"立即被解散了。王金发组织了新的绍兴军政分府,自任都督。鲁迅被任命为山会初级师范学堂监督。1912年初,该学堂改称绍兴师范学校。

　　鲁迅到绍兴师范学校那天,身穿一件灰色棉袍,头戴一顶陆军帽,英姿勃勃,学生们"欢迎新校长的态度,完全和欢迎新国家的态度一样"。

　　鲁迅出任校长后,把留日时的同学范爱农请来担任教务主任,全校其他教职员工,一律不动,连会计也没更换,使大家很快就安下心来工作。鲁迅的做法对当时"一朝天子一朝臣"的社会陋习,是一个很大的改革。

　　可是没过多久,鲁迅就发现:王金发他们虽然进了城,但对那些罪恶深重的官僚和豪绅,竟说"不念旧恶",就连民愤极大的恶人和参与杀害秋瑾的主谋,都被轻易放过去了。

　　同时在那些封建传统势力的贿赂下,王金发逐渐妥协和腐化起来,大做"王都督"。衙门里的人物,穿布衣来的,不到十天也大都换上皮袍子了,虽然天气并不冷。

一天,一个学生来找鲁迅,愤然地说:"这种情形可不行。我们要办一种报纸来监督他们,不过发起人要借用先生的名字。我们知道你决不会退却的。"

鲁迅答应了学生的要求,并为报纸起了名字。报纸一发行,就引起了王金发的不满。他先是派人送去了五百元钱,但是收买失败。

一天,一个消息传到鲁迅的家里,说鲁迅等人诈取王都督的钱,还办报纸骂他,所以王都督要派人枪杀他。

鲁迅的母亲着急得连忙嘱咐鲁迅不要再出去了。鲁迅笑着安慰母亲:"会捉老鼠的猫不叫,王金发不敢拿我怎么样的。"然后,照常出去走动。

王金发果然不敢杀害鲁迅,但是态度却比过去冷得多了。给学校的经费,也一再被克扣,使身为校长的鲁迅,很难维持正常的工作了。

过去的监督如同官僚,到校时也只坐办公室,不了解下情。鲁迅与他们不同。他经常深入教室、操场、厨房、寝室,了解情况,及时处理问题。

鲁迅工作认真,平易近人。有时教师请假,鲁迅就亲自为他们代课。学生反映,鲁迅讲课简明扼要,通俗易懂,印象深,记得住。

鲁迅还代替请假的教师上作文课。有一次,他出的作文题目是:"杨子为我,墨子兼爱,何者孰是?"他引导学生们通过独立思考,写出文章。他也帮助国文教师批改作文。

据当时的学生孙伏园回忆,自己写了一篇祝贺南京政府成立并改用阳历一类题目的文章。鲁迅批改后,在这篇文章的末尾,批了"嬉笑怒骂,皆成文章"八个字,给予鼓励。事后,孙伏园经常对人说起。鲁迅先生对他的鼓励,使他终生难忘,时刻鞭策自己的学习和工作。

每天晚上,鲁迅都去查看学生夜自修的情况。渐渐的,他发现学生们听到他的脚步声,就立即安静下来,而且坐得端端正正的。他觉得这是不正常的现象,就和蔼地对学生们说:"我又不是老虎,怕什么,只要大家认真自修就好了。"

对一些只顾读书,不注意体育锻炼,健康状况不佳的学生,鲁迅教育他们要注意加强体育锻炼,使身体强壮起来。

在1911年冬,鲁迅创作了文言短篇小说《怀旧》。

《怀旧》是鲁迅的第一篇创作小说,也是鲁迅唯一的一篇用文言文写成的小说。它写成于《狂人日记》发表前七年。

由于时代条件和"五四"时期不同,也由于它是用文言文写的,在1913年4月《小说月报》发表时,《怀旧》并没有引起热烈的反响。

其实,无论从现代文学的时代特色或构成鲁迅小说创作的风格特点说,《怀旧》都具有开端性质的历史意义。

制定教育小说审核标准

1912 年 1 月,中华民国临时政府在南京成立。南京临时政府任命蔡元培为教育总长。应蔡元培之邀,许寿裳在"木瓜之役"之后,赴南京任"中华民国"教育部普通教育司第一科科长。经许寿裳向蔡元培推荐,1912 年 2 月,鲁迅赴南京任教育部部员。

重回南京后,鲁迅看见了辛亥革命带来的一些新气象。但不久一切又照旧,鲁迅觉得自己不过是在混薪水。幸好,南京有个江南图书馆,里面有许多珍贵的善本书。鲁迅空余之时常去借,以抄旧书来打发时日,消解自己对于时局的失望心情。

不久,北方军阀袁世凯篡夺了革命果实,强迫把临时政府从南京搬到北京,孙中山被迫辞去临时大总统,辛亥革命失败了。鲁迅又陷入深深的失望之中。

1912 年 5 月,鲁迅与许寿裳一同北上,前往已迁到北京的教育部任职,住在北京宣武门外南半截胡同绍兴会馆藤花馆。

蔡元培得知鲁迅对美学、美术素有研究,便让他担任社教司第一科科长,负责推进全国的文化美术事业。鲁迅也知道蔡元培喜欢美育,当然得做一番事情以示回报。然而,袁世凯等人只忙于争权夺利,哪有心思发展事业,连部长蔡元培都没法做好自己想做的事,而他只是小小的社教司科长而已。

转眼到了暑期,为提高教师的专业素质,实施重视美育的课程改革,蔡元培决定举办"夏期讲习会",请中外著名学者向教师讲授政治、经济、文学、艺术及佛教等二十多种科目。鲁迅承担的是"美术讲习会"。

对此,鲁迅非常重视,特意撰写了一本讲义。第一次听讲的三十多人中,中途退场的有五六个人,到第三次居然全体告假不来了。原来那时大家都在传言蔡元培要辞职,大家觉得既然如此就不必来听了。

事实确实如此,蔡元培再努力,也无法唤醒来参加临时教育会议的各地代表积极投身改革,他的美育计划竟被会议删除了,蔡元培终于愤怒辞职。

鲁迅对顽固派的这一行为十分愤慨,他在1912年7月12日的日记上写道:"闻临时教育会议竟删美育,此种豚犬,可怜可怜!"

鲁迅对书法、美术有着极高的鉴赏力,对篆、隶、章草等各种书体,都很熟悉。他曾对友人表示"字不好",但"写出来的字没什么毛病",显示出他在文字学上的相当自信。有时书兴浓时,时常会将一两个带有篆隶意味的字掺杂于行书之中,浑然一体,趣味横生。

接下来的几年里,北京的政治风云变幻莫测,教育部的衙门,更是一片混乱和黑暗。总长和次长们像走马灯一样上台下台,部里根本没有人去办正经事。有人在品茶,有人在下棋,有人在聊天,还有人竟唱京剧、念佛经,甚至整天手执拂尘,在身上弹出一宗难听的音调。

鲁迅对这种污浊无聊的环境十分的厌恶。他实在不肯白白浪费宝贵的时间,当实在无公事可办的时候,他就设法驱除自己的落寞。

他读佛经,把佛教当作人类思想发展的史料来看,借以研究人生观。他抄古碑,搜集金石拓本,辑录和校勘古书,把自己沉于国民中,让自己回到古代去,借以深化对中国长期的封建社会和国民精神的认识。

1912年8月起,鲁迅被任为佥事。8月26日,教育部公布了第一批经过任命的科长,鲁迅为社会教育司第一科科长。因原第一科此时已并入内政部,鲁迅原属的第二科改为第一科了。

鲁迅的热情虽然屡遭碰壁,听讲无人,在部里也很受孤立,但他还是百折不挠地提倡文学艺术,尽可能地克服各种阻力,来做一些有益的工作。

1913年2月至5月间,北洋政府教育部召开读音统一会,任务是审定字音、核定音素和制定字母。鲁迅与许寿裳等都由教育部选聘为会员,参加讨论。会上意见分歧,到讨论制定字母方案时,出现三派,各执己见,互不相让。

最后,由鲁迅与许寿裳、马裕藻等共同建议,以章太炎所拟一套标音符号作为字母,待表决后,竟得多数通过。这套注音字母,一直沿用到新中国成立之初,至今台湾地区仍在使用。在改用拉丁字母注音前,这套字母在汉字注音方面起过很大的作用。

从1913年3月起,鲁迅具体负责全国儿童艺术展览会的筹备工作,到次年4月才告完成。1914年4月21日至6月20日,展览会共展出两个多月,展品主要是全国各地小学生的字画作业及他们的手工作品,如刺绣、编织、玩具等。

展出期间,鲁迅经常到会场值班办公,甚至星期日也不休息。展览结束后,又由鲁迅等负责从展品中挑选出一批比较优秀的作品,送到巴拿马万国博览会展出。

1915年9月,鲁迅被派担任通俗教育研究会小说股主任。这个通俗教育研究会是秉承袁世凯的旨意组成的,规定小说股的任务是编译和审核"寓忠孝节义之意"的小说,目的在进行奴化教育。

鲁迅当然不会听命于帝制派的策划,主张"有权在手,便当任意作之"。

在当时可能的条件下,鲁迅主持制定了另一套《审核小说之标准》。其中,教育小说的审核标准规定如下:

> 关于教育之小说,理论真切,合于我国之国情者,为上等。词义平稳者,为中等。思想偏僻或毫无意义者,为下等。

1916年2月,鲁迅又被派参加筹备全国专门以上学校成绩展览会,忙碌了一两个月。

这个展览会于当年3月15日至4月14日展出一个月,参加展出的有全国六十八所学校送来的展品。

在这段时间里,中国大地上有一种新的东西正在萌动。陈独秀主编的《青年》杂志于1915年创刊,1916年改名为《新青年》,开始提倡文学革命。

鲁迅带着怀疑的眼光静观着,他每期都要阅读。他在想:自己曾经呐喊过变革,但是没有用。现在别人又在呼喊了,会

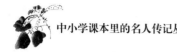

不会有用呢？

　　但是从那年夏天起,他购买碑帖画册的数量减少了,一些外国书籍大量地出现在他的案头,他对鼓动自由与反抗的外国文学的兴趣复活了。

文化旗手

成为新文化运动的伟大旗手

1917 年夏，鲁迅独自住在北京宣武门外的绍兴会馆里。下班之后，他除了逛书店，基本上足不出户，夜夜坐在灯下抄古碑。

很少有客人来绍兴会馆拜访鲁迅，古碑中也遇不到什么问题和主义，这也正合鲁迅此时专心读书的愿望。

夏天的夜里，蚊子多了，鲁迅便摇着蒲扇坐在槐树下，从密叶缝里看那一点一点地青天，晚上的槐蚕又每每冰冷地落在他的头颈上。

当时，偶尔来谈天的是鲁迅的一个老朋友钱玄同。钱玄同于 1906 年留学日本早稻田大学文学系，次年加入同盟会。在留日期间，钱玄同与鲁迅等人一起师事章太炎，学习文字学，研究音韵训诂。

1910 年，钱玄同回国后，曾任北京大学教授。1917 年后，钱玄同任《新青年》编辑，从事新文化运动，提倡文字改革，创议并参加拟制汉语拼音的拉丁字母注音方案。

《新青年》的前身是《青年》杂志，原来是一种学生刊物。后来经陈独秀主编后，改名为《新青年》，宣传马克思主义，提倡新文化运动，成为文学革命的急先锋。

一日，钱玄同来找鲁迅。一进门，他便将手提的大皮夹放在桌上，脱下长衫，对面坐下了。"你抄了这些有什么用？"钱玄同翻着鲁迅抄写的古碑发问。

"没有什么用。"鲁迅回答。

"我想,你可以做点文章。"钱玄同建议道。

此时,鲁迅懂得他的意思了,他们正办《新青年》,然而那时仿佛没有人来赞同,但也没有人反对。鲁迅想,他们许是感到寂寞了。

然而,鲁迅却说:"假如一间铁屋子,是绝无窗户而万难破毁的,里面有许多熟睡的人们,不久都要闷死了,然而是从昏睡入死灭,并不感到就死的悲哀。现在你大嚷起来,惊起了较为清醒的几个人,使这不幸的少数者来受无可挽救的临终的苦楚,你倒以为对得起他们么?"

"然而几个人既然起来,你不能说决没有毁坏这铁屋的希望。"钱玄同反驳说。

鲁迅很明白,虽然他有自己的确信,然而说到希望,却是不能抹杀的,因为希望是在于将来。于是,鲁迅终于答应钱玄同做文章了。

1918年初,鲁迅参加了陈独秀主编的《新青年》的编辑工作。在编辑会上,鲁迅结识了李大钊、陈独秀、胡适等人,开始接触到了马克思列宁主义。

从此,鲁迅置身于当时的大力倡导民主和科学,反对旧礼教和旧文学的伟大斗争的前列。

同年5月,鲁迅在《新青年》上发表了第一篇白话小说《狂人日记》,描写了一个因患迫害狂的精神病人的心理活动,把对社会生活的清醒描写,和对狂人特有内心感受的刻画杂糅在一起,揭露了封建"家族制度和礼教的弊害",指出中国社会的历史是人吃人的历史。这是彻底的反封建的第一声"呐喊",也是鲁迅战斗史上新的开端。

鲁迅在谈小说创作体会时曾说:"人物的模特儿也一样,没有专用过一个人,往往嘴在浙江,脸在北京,衣服在山西,是一个拼凑起来的角色。"

"狂人"的原型,是鲁迅的姨表弟阮久荪。阮久荪原在山西太原做文书工作,后来得了精神病,总疑心周围的人要谋害他,惶惶不安,于是就到北京来躲避。

鲁迅当时住在绍兴会馆,阮久荪来找他,鲁迅便把他留在会馆里暂住几天,两人间或谈起一点时事,阮久荪总是冒出一些奇怪的念头。

1916年10月的一天傍晚,阮久荪神色慌张地敲开了鲁迅的房门。落座后,他语无伦次地讲起自己被人跟踪,可能会被捉杀头的"遭遇"。讲述时,适逢隔壁传来了敲门声,他立即恐慌起来,急忙躲到了书橱后面。

鲁迅见此情形,便劝慰他说,别害怕,不是找我们的,他才瑟瑟地蹭出来。惊恐稍减后,阮久荪又告诉鲁迅,说他现住在"西河沿客栈",每夜要换几个房间,还睡不安稳,生怕被人杀了。

第二天清晨,阮久荪又跑来了,进门后便瘫坐在椅上,凄惨地说:"今天就要被人捉去杀头了!"鲁迅知其精神错乱,便带他去看医生。在去医院的路上,见到背枪的警察,阮久荪就惶惶然。在池田医院住了一礼拜,阮久荪终日疑神疑鬼,昏语不断。鲁迅不放心，便寻一个可靠的人，把他送回了老家绍兴。

此事在鲁迅心头萦绕了许久，总想写点什么却又无从下笔。直至很久以后，鲁迅才认识到封建礼教的吃人本质，于是就以表弟为原型，创作了著名的《狂人日记》。

陈独秀对鲁迅深刻的见解、鲜明的爱憎、幽默的风格和泼辣的文笔非常欣赏。陈独秀在给周作人的信中说："我们很盼望豫才先生为《新青年》创作小说，请先生告诉他。"

1918 年 7 月 9 日，陈独秀又在信中说："豫才先生有文章没有？也请你问他一声。"

鲁迅在日记中写道："寄陈仲甫小说一篇。"仅过六天，陈独秀就于 8 月 13 日复信周作人："两先生的文章今天都收到了。《风波》在这号报上印出。倘两先生高兴再做一篇在第二号报上发表，不用说更是好极了。"

陈独秀在把鲁迅的《风波》发表在《新青年》第一卷第八号后，立即致信周作人："鲁迅做的小说，我实在五体投地的佩服。"他并且考虑到鲁迅的小说应该结集出版："豫才兄做的小说，实在有集拢来重印的价值，请你问他，倘若以为然，可将《新潮》《新青年》剪下，自加订正，寄来付印。"由此可见，陈独秀对鲁迅文学创作的关心和支持。

后来，鲁迅接受陈独秀的意见，将创作的小说结集出版，这本小说集题名为《呐喊》。

鲁迅对陈独秀的关心和支持念念不忘。他曾满怀感激地说："这里我必得纪念陈独秀先生，他是催我做小说最着力的一个。"在陈独秀的大力支持下，鲁迅以《新青年》为阵地，如鱼得水，"一发而不可收"，在不长的时间中便创作出一系列优秀的作品。

鲁迅称自己的作品是"遵命文学"。但是，鲁迅又说："不过我所尊奉的，是那时革命的前驱者的命令，也是我自己愿意尊奉的命令，绝不是皇上的圣旨，也不是金元和真的指挥刀。"

鲁迅认识李大钊，是缘于陈独秀的关系。因为鲁迅是在应陈独秀的邀请，参加《新青年》的编辑工作期间见到李大钊的。用鲁迅自己的话说："我看见李大钊先生的时候，是在独秀先生邀去商量怎样进行《新青年》的集会上。"这说明，鲁迅与李大钊的相识，陈独秀起了至关重要的作用。

鲁迅评价陈独秀：

> 假如将韬略比作一间仓库罢，独秀先生的外面竖一面大旗，大书道："内皆武器，来者小心！"但那门却开着，里面有几支枪，几把刀，一目了然，用不着提防。

继《狂人日记》之后，鲁迅又写出了《孔乙己》。"孔乙己"的原型是"孟夫子"和"跛脚鼓"。这两个人，一个是他邻居酒店里的常客，一个是他的绰号叫"跛脚鼓"的本族伯父。

《孔乙己》批判地揭示了人物的悲剧性格，表达了鲁迅对于造成这种性格的文化教育制度的有力鞭挞。《孔乙己》发表在1919年4月号《新青年》，后编入《呐喊》。这部小说是鲁迅又一篇声讨封建社会和封建文化的战斗檄文。

那时，科举制度虽已废除，但教育体系并未改变，许多知识分子还未摆脱封建思想的桎梏。鲁迅认为要使人民群众觉悟起来，改变愚昧和麻木的精神状态，必须反对"国粹"，解放个性,把人民群众从中国几千年的封建枷锁中解放出来。只有这样,才能挽救中华民族的危亡,争取人民的自由和解放。

因此,鲁迅提出了立国先"立人",改造"国民性",解放个性的战斗任务。鲁迅明确地说过,他从"五四"时期开始写小说,就是抱着"启蒙主义"的目的,"认为必须是'为人生',而且要改良这人生"。所以他的"取材""多采自病态社会的不幸的人们中,意思是在揭出痛苦,引起疗救的注意"。

在1923年出版的鲁迅短篇小说集《呐喊》中,还收录了鲁迅1921年写的小说,描绘农村生活和农民形象的《故乡》。它通过"我"回故乡的见闻及回忆,描写旧中国农村急速破产的萧索、凄凉的生活图景。

鲁迅怀着悲愤的心情,对造成这一悲惨图景的社会势力,提出了沉重的控诉。同时又期望被迫害者能够醒悟过来,开辟自己的生活道路:"其实地上本没有路,走的人多了,也便成了路。"

对青年学生诚挚的关爱

鲁迅在北京教育部工作的同时,除整理碑帖、古籍和写作外,自1920年起,先后在北京八所大、中学校兼课,一直到1926年8月离京南下。在京教学期间,鲁迅开始系统地研究中国小说史,并编成了《中国小说史略》一书。

1920年秋季,鲁迅到北京大学中国文学系教《中国小说史》。从此，鲁迅不但以他的文章和广大读者接触，他本人也走到青年学生中来了。

鲁迅担任中国小说史的教学工作，是一个创举，也是对封建传统观念的勇敢挑战。因为在当时社会，小说一向被排斥和轻视，认为不能登大雅之堂。鲁迅是第一个从事拓荒工作的人。

鲁迅的研究成果和精辟的见解，不仅为后人研究中国小说奠定了良好基础，而且还给青年学生以有益的文化教育和思想教育。

每逢星期二上午，在沙滩红楼北京大学的课堂上，鲁迅和广大青年见面的时候，他都受到热烈的欢迎。

鲁迅先生讲课，听的人很多，小教室坐不下，换了大教室，还是很挤，本来坐两个人的座位，常常挤上三四个人，连门边和走道窗口、窗外都站满了校内和校外来旁听的人。那时点名是专人负责，是看座位点名的，遇鲁迅先生上课，他就只好点个"全到"。

鲁迅经常穿一件黑色的旧布长袍，不常修理的头发下面露出方正的前额，两条粗浓的眉毛平躺在高出的眉棱骨上，眼窝微向下陷，眼角也微向下垂，浓密的短须掩着他的上唇，这一切都令人看不出有什么奇特的地方。

鲁迅先生上课非常自然，不是滔滔不绝，也不是大声疾呼，但全场鸦雀无声。当时有不少同学听了一年鲁迅先生的课，第二年又继续去听，却一点也不觉得重复。

鲁迅讲课，总是先把讲义发给学生，开始时用的是油印讲义，上课时校正个别错字，然后开始讲，但从不照本宣科，而是有重点地分析一些问题,有根据地阐明与别人不同的见解。

他讲小说史非常风趣,常常讲得大家发笑,但他自己却不笑,使学生们在笑声中愉快地接受了教育。后来有许多颇有成就的作家和教授,如冯至、曹靖华、章川岛等都在北大听过他的课,得到过他的培育。

冯至曾回忆道:"他讲课超过一般的教育之上,回忆当年听的许多课,至今还起作用的,是鲁迅先生的课。"

鲁迅在北大任教期间,还为北大的刊物《学生会周刊》《文艺季刊》写稿,为《国学季刊》《歌谣周刊》设计过封面,扶植学生的文学团体,如对新潮社、春光社进行过批评、帮助,培养了不少人才。鲁迅还多次参加北大举办的讲演会、游艺会等活动。

鲁迅对待学生非常好,有时候好得都过分了。

鲁迅和他过去的学生孙伏园外出旅行时,常常是先生给学生打铺盖。

1922 年春,在八道湾鲁迅的寓居来了一位客人,他就是俄国盲诗人爱罗先珂。他不仅是一个世界语学者、音乐家,同时又是一个童话作家。

鲁迅诚挚热情地接待了这位远道来的客人。他时常陪着诗人在院子里散步和谈天,对他的寂寞表示了十分的同情。爱罗先珂在鲁迅家里住到了夏天,才回到了故乡乌克兰。鲁迅在和他相处的一些日子里,翻译出了他的多篇童话创作《狭的笼》《池边》《雕的心》《春夜的梦》等,后都收入《爱罗先珂童话集》中。

1922 年 10 月,北京大学发生了反对学校征收讲义费的风潮。结果讲义费取消了,参与这场风潮的学生冯省三也被开除了。冯省三当时是北大法文系的学生,热心于世界语。当时北大经费全由学校负责筹划,教育部并无贴补。

为开源节流,学校想收取一点讲义费,以补贴印发讲义所需的纸张费及购置图书之用。由于学校原本免费提供讲义,有些科系资料又比较多,讲义费成为了一种经济负担,因此引起了部分学生,特别是法科学生的反对。

10月17日下午,数十名学生涌进会计科提出抗议。18日早晨,又有数十名学生涌进校长室,要求立即停收讲义费,双方情绪都相当激动。

人群中有喊"打"的恶声,北大校长蔡元培也大声疾呼:"我在这里!"表示出极大的愤慨。

接着,学生会在三院礼堂召开大会,由学生自由辩论,双方争执不下。表决的结果,反对收讲义费的一方略占多数。在这次辩论会上,冯省三第一个发言。他怒发冲冠,声如京剧中的黑头花脸,给人留下了深刻的印象。

从《即小见大》一文中,可知鲁迅是同情冯省三一边的,因为他成为了群众的牺牲品。此外,也因为他们在传播世界语方面有着共同志向。

1923年,蔡元培、吴稚晖、陈声树等创办北京世界语专门学校。冯省三跟陈声树是好朋友,同在该校教务处工作,特请鲁迅来校讲文学史和文艺理论。

1923年9月至1925年3月,鲁迅担任了该校的义务讲师和董事。其间,鲁迅跟冯省三多有联系。鲁迅曾将他的小说集《呐喊》和译文《桃色的云》寄赠冯省三,冯省三经济拮据时也曾向鲁迅借贷。1923年5月10日鲁迅日记中,还有"省三将出京,以五元赠行"的记载。可见鲁迅对青年学生十分爱护。

在1923年7月,有位北大学生在文章中,对爱罗先珂的生理缺陷加以奚落,鲁迅先生以为这种行为是不道德的,便写文章批评了他,后来这位学生认识并改正了自己的缺点,鲁迅便对他表示谅解,并跟他建立了很好的友谊。

在北京大学讲课的日子里,鲁迅和青年们建立了深厚的友谊。有一次,北大文科院预科的一个学生跑到鲁迅所住的绍兴会馆,往床上一坐,将鞋子脱下,让鲁迅给他到门口去修鞋。鲁迅毫不犹豫地照办了,可是鞋修好了,这个学生竟然没道一声谢,反抱怨鞋修得太慢,让他久等了。

后来有人问起这件事时,鲁迅说:"有这回事,现在虽然不再给人去补鞋了,不过我还是要为青年多做些事。"

鲁迅一直支持北大进步学生的斗争,曾被一时还未能控制北大的"正人君子"之流指责为"北大派"。

1923年8月,鲁迅搬出了八道湾。他先是暂住在砖塔胡同61号一个同乡熟人的家里,后又搬入西三条胡同21号的寓居。

北京阜成门内西三条胡同21号的房子,是鲁迅向朋友借钱买下的,经过翻新,在1924年5月搬了进去。这里,便变成了当时北京的青年们,特别是爱好文学的青年们的一个活动中心。

自从鲁迅住到这之后,来他这里的青年们一天比一天多,给这条本是寂寞、荒凉的"陋巷"增加了许多生气。青年们几乎每隔一两天就来叩鲁迅的家门,他们就像回到了久别的家里一样。

鲁迅的工作很是繁忙。大约每天总要接待青年们到十一二点钟,然后他才开始工作。如果没有急迫的事,就稍休息一下,看看书,凌晨2时左右才入睡。他经常工作得很晚,有时甚至天亮了才放下手中的笔。鲁迅的不少小说,大都是在这样的情况下写出来的。

这是一座不大的四合院,在院子里种着几棵丁香花,白的和紫的,三两株枣树高出屋檐之上。在不大的三间北屋后面又接出去一间,人们叫它"老虎尾巴"的"斗室",这就是鲁迅工作、休息和接待学生的地方。

透过这间"斗室"后墙的玻璃窗,可以看到窗外是一个小小的院落。沿着后墙的墙角,种着几株青杨和几簇榆叶梅。室内的玻璃窗下,是一张单人的木板床,东壁下,贴墙放着一张写字台,台子旁边是一把带扶手的藤椅。西壁下,放着一张茶几和两把木椅。这个小屋最多不能超过五个人,否则就坐不下了。

鲁迅在这里和青年们谈话,显得无拘无束,他的语言也是那么简洁和朴素。由于鲁迅谈话时总吸烟,所以屋里充满了浓厚的香烟味。他恐怕有些青年们不习惯,便笑着起身把窗子打开。

鲁迅和青年们谈天,对于他来说就是一种休息。他还经常劝青年们多留一会儿,只要客人有时间,在他是无妨的。

在这里,鲁迅经常替青年们进行批稿、审稿、校对的工作。他对于青年们的请求决不推辞,而是非常爽快地答应。

鲁迅还经常接受青年作家的委托,替他们编选集、编目录、写序言,甚至做封面设计等。

青年们从鲁迅这里得到的帮助,总是具体的、无微不至的。

鲁迅对于青年们的爱是深厚的、无私的。

1925年12月17日,北大举行二十七周年纪念会,鲁迅亲往出席,并撰写《我观北大》一文。

鲁迅热情赞扬北大进步师生"常与黑暗势力抗战"的"向上的精神",批判企图"勒转马头"的逆流。

针对"正人君子"之流射来的暗箭,鲁迅公开宣称,如果支持北大进步师生的改革,就算是"北大派",那我就以"北大派"自居:"北大派么? 就是北大派! 怎么样呢?"

当时,北大校长蔡元培在欧洲考察,校内新旧斗争激烈,鲁迅的行动给了北大进步师生以有力的支持。

《阿Q正传》在催稿下出炉

在繁忙的工作和讲学的间隙,鲁迅用手中的笔,与封建主义和封建顽固派进行坚决的斗争。

在1920年10月,鲁迅又写了两个短篇小说,即《头发的故事》和《风波》。

《头发的故事》的主题是反映辛亥革命的失败。作者通过小说中那位N先生的意见,评价了辛亥革命,同时也讽刺了当时北洋军阀统治下的一些不合理的社会现象。

鲁迅对于辛亥革命是抱有很大的希望的,而辛亥革命的失败,给他带来了失望,他的痛苦也是很深的。

在这篇小说里的N先生对于往事的追怀,与他的悲愤、他的感慨、他的惋惜，即所谓"精神上的丝缕"，不是没有联系的。鲁迅在后来出版的第一部小说集《呐喊》的《自序》一开头，便写道：

> 我在年青时候也曾经做过许多梦，后来大半忘却了，但自己也并不以为可惜。所谓回忆者，虽说可以使人欢欣，有时也不免使人寂寞，使精神的丝缕还牵着已逝的寂寞的时光，又有什么意味呢，而我偏苦于不能全忘却，这不能全忘的一部分，到现在便成了《呐喊》的来由。

《风波》所描写的历史背景是 1917 年的张勋复辟事件。鲁迅借着张勋复辟这件事在当时农村中所引起的风波，揭露了黑暗反动势力蠢蠢欲动的姿态。

在这两篇小说之后，鲁迅于 1921 年创作了短篇小说《故乡》。这篇小说通过第一人称"我"回故乡的见闻和追忆，展示了当时农村萧条、凄凉的生活场景。小说以鲁迅童年的朋友章闰水为模特儿，塑造了闰土的形象，主要目的在于探索中国农民的生活道路。

同年，鲁迅写下了不朽的《阿Q正传》。

阿Q是个生活在江南小村镇里的贫苦农民，相当奇特和滑稽。他在被侮辱和蹂躏的生活中，养成了十分怯懦的习性，却又常常表现出一种荒唐怪诞的"精神胜利法"。这种富有喜剧性的矛盾和纠葛，在鲁迅笔下俯拾即是。

在这篇著名的作品里，鲁迅通过阿Q这一艺术形象，再次反思了辛亥革命失败的历史，以及产生"精神胜利法"的社会根源和历史根源。

　　阿 Q 这个形象在鲁迅的心中，已经存在好多年了，只是没有机会把他写出来。这时，正在编辑《晨报》副刊的孙伏园，请鲁迅写文章。于是，鲁迅就写了《第一章·序》。登出之后，以后每七天连载一次。

　　当时，鲁迅的工作虽然并不十分忙，可是生活颇不安定，夜间睡在一间过道的屋子里，屋子只有一个后窗，连写字的地方也没有，很难静坐下来去思考。

　　孙伏园是一位非常善于催稿的人，每星期必到鲁迅这里来。来时，他就笑嘻嘻地对鲁迅说道："先生，《阿 Q 正传》明天要付排了。"没办法，鲁迅只得写下去。

　　最初，《阿 Q 正传》是刊登在《晨报》副刊的《开心话》专栏。后来，鲁迅渐渐认真写起来，编者也觉得发在《开心话》专栏不太合适，于是从第二章起，就把它移到《晨报》副刊的《新文艺》专栏里。这样大约继续有两个多月。

　　鲁迅实在很想把这故事结束，然而编者不赞成。直至后来，孙伏园因事到别处去了一趟，代替他的是另一位编辑，该编辑对于阿 Q 素无爱憎，鲁迅把"大团圆"送去，他就照登出来了。等到孙伏园回来，阿 Q 已经结束一个多月了，再也无法复活了。

　　当《阿 Q 正传》在《晨报》副刊上出现的时候，引起了当时一些上层社会中的"正人君子"、"绅士淑女"、小政客、小官僚等人的恐惧和不安，恐怕它要"骂"到自己的头上。最后，当《阿 Q 正传》被收入鲁迅的小说集《呐喊》里面，他们才恍然大悟。

　　其实，鲁迅并没有骂任何人，他所谴责的是整个旧社会，他所讽刺的也不是某一个人。

鲁迅虽说是为阿Q作"正传"，但是要画出来的却是"这样沉默的国民的魂灵"，要写出"在他眼里所经过的旧中国的人生"。

　　鲁迅描写的是辛亥革命时期的农村变革，旧民主主义革命时代农民悲惨的命运。

　　鲁迅通过《阿Q正传》和其他一些短篇小说，将中国的新文学创作与21世纪世界文学的进步潮流结合起来了。大多数外国读者了解中国的新文学创作，都是从了解鲁迅开始的。

与国粹派的激烈论争

　　今天我们写文章，用的是人人都读得懂的白话文，如果有人一定要写"之乎者也"类的文言文，不但让人觉得滑稽，而且让人觉得有些做作了。但是当时白话文的确立，是在迎击国粹派的恶毒咒骂中才得以实现的。

　　国粹派的林纾，是反对白话文最起劲的。他觉得文言文是老祖宗传下来的，是国家的精华，也就是国粹，所以一定不能废掉。他还气愤地写了许多文章来骂白话文和新文化运动，还编写了两篇文言文小说，借着一个"伟丈夫"（暗指某军阀）来镇压新文化的首倡者。

　　鲁迅读了林纾写的呼吁保存国粹的文章，很快就给予了回击：

　　　　什么叫"国粹"？照字面看来，必是一国独有，他国所无的事物了。换一句话，便是特别的东西。但特别未必定是好,何以应该保存?

譬如一个人,脸上长了一个瘤,额上肿出一颗疮,的确是与众不同,显出他特别的样子,可以算他的"粹"。然而据我看来,还不如将这"粹"割去了,同别人一样的好。

倘说:中国的国粹,特别而且好;又何必现在糟到如此情形,新派摇头,旧派也叹气。

倘说:这便是不能保存国粹的缘故,开了海禁的缘故,所以必须保存。但海禁未开以前,全国都是"国粹",理应好了;何以春秋、战国、五胡十六国闹个不休,古人也都叹气。

我有一位朋友说得好:"要我们保存国粹,也须国粹能保存我们。"

(《热风·随感录三十五》)

鲁迅经常用一些短小犀利的杂文来攻击一切落后、腐朽、顽固、反动的事物:

中国的孩子,只要生,不管他好不好,只要多,不管他才不才。生他的人,不负教他的责任……小的时候,不把他当人,大了以后,也做不了人。

(《热风·随感录二十五》)

中国人的不敢正视各方面,用瞒和骗,造出奇妙的逃路来,而自以为正路。在这路上,就证明着国民性的怯弱、懒惰,而又巧滑。一天一天的满足着,即一天一天的堕落着,但却又觉得日见其光荣。

(《坟·论睁了眼看》)

鲁迅的目光经常犀利地从生活中极细小的地方发现中国人心理上的落后一面,并加以抨击。

　　鲁迅的胡子是很特别的,他将留在唇上的胡须修成整齐的"一"字形。为什么这样修剪呢? 鲁迅在《说胡须》中讲了它的由来。

　　鲁迅从日本留学归来的时候,在故乡的小船里,和船夫聊天。聊着聊着,那船夫就盯着他的胡子发起怔来。当时鲁迅的胡子还没有那么平直,角上是自然地有些翘着的。船夫忽然说:"先生,你的中国话说得真好啊!"

　　鲁迅听了感到莫名其妙,于是问道:"我是中国人,而且和你还是同乡,中国话说得好有什么稀奇的?"

　　船夫却不信,憨憨地一笑,说:"先生,您真会笑话呢,你那胡子难道不是东洋人的吗?"

　　鲁迅听了只有默默地苦笑,他拿什么来证明自己是中国人呢? 胡子已经决定了他的国籍了。而且他记起这胡子在一位"国粹家兼爱国者"那里也曾碰到过麻烦。

　　有一次,"国粹家"上上下下把鲁迅打量了一番,目光最终停留在鲁迅的胡子上,毫不客气地说:"你怎么学日本人的样子? 身材既矮小,胡子又是这个样子!"

　　鲁迅一听,当时涨红了脸,急着和他争辩起来:"第一,我的身体本来只有这么高,也不是为了要学日本人,故意想办法用了什么洋机器压缩,让自己变矮去冒充洋鬼子。"

　　鲁迅情不自禁地摸了一下自己的胡子说,"就算这胡子的样子和日本人一样,但是我看他们古人的一些画像,那胡子是不翘的，反而向下，倒和我们古人差不多，该算中国的国粹呢！至于后来又翘起来了，说不定是学德国人的，你看威廉皇帝的胡子不是翘着的吗？所以我这胡子的样子也不能说就是日本人的专利呀！"

"国粹家"还是严肃地盯着鲁迅那上翘的胡子不放："但是德国人依然是洋鬼子！"鲁迅这时哑口无言，不知所措了。

可是到处都碰得上这种"国粹家"，口干舌燥地解释过几次，鲁迅真是烦透了，大事不去说它，就连留胡子这样一点小事，只要不合所谓"国粹"，便要招来这样多的非议。

于是鲁迅任由胡子自己去长，他想：等胡子长了以后，自然就不再翘，而是下拖了，可能还与地面成为九十度的直角呢！

不出所料，"国粹"方面这时无话可说了。但是某些专注于别人生活小事的所谓"改革家"又不满意了："你向国粹妥协了吗？"

鲁迅真是弄不明白了，军国大事也未必有那么多人关心，难道区区胡子就能让国家灭亡或者得救吗？

几年后，鲁迅坐在北京的补树书屋里，端详了那胡子的前后左右，突然悟到那胡子被人诽谤的原因，全在于两端的翘与不翘。于是，鲁迅拿来剪刀，立即动手把两段剪平，使它既不上翘，也难拖下，如一个"一"字。

鲁迅再出去见人的时候，自然还是有人注意他的胡子："咦，你的胡子这样了。"

"嗯，我的胡子就这样了。"鲁迅平静地回答。别人一听也无话可说了，鲁迅的心里便窃笑起来。

仅仅从胡须的遭遇,鲁迅已经深深地透视出国粹派的荒唐与无聊。

鲁迅经常把自己写的杂文比喻为"匕首"和"投枪"。他终其一生,从未停止过对腐朽和反动的东西投掷这样的匕首与投枪。可以说,没有了"匕首"和"投枪",也就没有了鲁迅。

鲁迅是多么希望他所抨击的事物,能够在中国渐渐消亡。因为只有这样,中国才会复兴,才会有新生。

第一堂"中国小说史"课

1922年秋的一个星期天下午,明媚的阳光照进北京大学的教室。虽然离上课还有十分钟,但教室里已座无虚席了。这是北大本科生开学后第一堂"中国小说史"课。

因为小说在当时还登不上大雅之堂,所以那时候很少有人研究中国小说史。鲁迅写出了中国第一部系统、全面的小说史,并在北京大学等好几所高校首次开设了这门课程。

大概过了五分钟,外面传来一阵脚步响,一位中年人走进来,他立即吸引了教室中的所有目光,身材不高,穿着一件式样早已过时的小袖长衫,两寸来长的头发直直地挺立着,脸上有很深的皱纹,醒目的"一"字胡横在他那瘦削的脸上。

有些学生在私底下低声地叫起来:"鲁迅先生来了!"

这时阳光已经斜斜地移到讲台上,鲁迅走进这片阳光里,缓缓地默默地扫视着课堂,目光所及,因为他的到来而掀起的细小声浪便渐渐地消失了。他开始讲课了,带着一点绍兴口音,因为害怕学生听不明白,所以他尽量说得慢一些:"小说是写出来的人生,不是真实的人生。"

鲁迅一边说,一边解开手中那个红底黑色线条的布包,拿出讲义来。他和气而又严肃地看着学生们,继续说:"看小说第一不能让自己跑到小说里面,看小说应该像看铁笼子里的狮虎,有了这铁笼子才能方便地细细地看,由这细看来推想它们在山中的生活⋯⋯"

整个教室的学生们都静静地听着,只有许多支铅笔在纸上作记录的沙沙声。

鲁迅继续抑扬顿挫地说着:"铁笼中的狮虎,不能代表它生活的全貌,只是一个片段。小说中的人生,也是一个片段。我们可以借读小说去理解人生,但是一定要保持站在铁笼外的位置,切不可钻进去,钻进去就要生病了⋯⋯"

下课的钟声响了,鲁迅的声调也随之变得有些急促,很快就收住话头。教室里一下热闹起来,鲁迅被学生包围了。学生们的一双双手伸向他,双手上大多数是稿子,他们向鲁迅先生叫道:"先生,帮我看看这篇文章好吗?""我做了一篇小说,先生,可是结尾不理想,您能帮我改改吗?"

鲁迅一一接过来,抬起头看到几张熟悉的面孔,便笑着从那只红黑相间的布包中摸出一沓稿件,叫着名字分发着、讲解着。拿到稿子的学生便贪婪地读着稿件上多出的红笔的批点。

上课的钟声又响起来了,学生们纷纷归座。当课正上到一半时,突然门被轻轻地推开了,有两个头发梳得油亮的家伙蹑手蹑脚地溜进教室。教室中立即响起了一片"嘘"声，学生们都明白，他们是教育部派来的督学，是来查堂的。一种宁静的教学气氛受到了骚扰。

鲁迅并没有正视那些人，但是却停下了讲课，他把手中的书轻轻地放在桌子上，低着头在窄窄的讲台上踱起步来。直至那两个人灰溜溜地被"嘘"了出去，才停住脚步，又拿起书本。

鲁迅微笑着说了一句："我恐怕打扰了他们检查，这才停下来讲课。谁知他们不检查便回去打报告了。"台下的学生们一听都忍不住笑了起来。

陕西之行的美学发现

1924 年 6 月 28 日，鲁迅前往晨报社访绍兴同乡孙伏园，适逢《语丝》撰稿人王品青在座。

其时，创办于西安的国立西北大学与陕西省教育厅合议筹设暑期学校，聘学者名流任教。王品青是西北大学校长傅铜的同乡，经他介绍，该校即邀鲁迅等人去西安讲学。

是日，鲁迅与孙伏园、王品青等人同赴西北大学办事人之宴，席间商定赴陕西行程后，鲁迅即作起程的准备。

此时，距周氏兄弟决裂不久，鲁迅已正式搬出八道湾，心情无比郁闷。鲁迅答应国立西北大学去陕西，既为暑期讲演，又为他谋划已久的长篇小说《杨贵妃》寻找感性材料，也为散心。

鲁迅对这次外出十分重视，此后数日，在孙伏园的陪同下，

先后到门框胡同的衣店定做"一夏布一羽纱"两件大衫,到劝业
场买行旅用的杂物。

由于经济拮据,鲁迅还从孙伏园处借钱八十六元、许寿裳
处借钱二十元作为差费。一切准备停当后,7月7日晚,陕西省
长驻京代表在西车站食堂为鲁迅一行钱行。

吃完晚饭,鲁迅一行十三人即坐火车前往西安,至陕州改
水路坐船沿黄河西行,一路舟车劳顿。

7月14日,鲁迅一行才改乘汽车,午后抵临潼,下午抵西安,
住在西北大学教员宿舍。

鲁迅的陕西之行内容十分丰富,涉及郊游、讲演、阅市、购
物、会友、赴宴、观戏等多个方面,可谓不虚此行、大有收获。

去陕西是鲁迅平生第一次远行讲学。从7月21日起,暑期
学校开学,鲁迅上午开讲《中国小说的历史的变迁》,一共讲了
八天十一次十二小时,直到7月29日才讲学完毕。

30日下午,鲁迅又前往讲武堂讲演,讲演时间为半小时。
随后,他又应邀对陆军学生讲演一次,演讲课题仍然是小说史。

当时,统治西安的军阀刘镇华,身兼陕西省督军、省长两大
权位,号称"兼座"。鲁迅对当时西安军阀是很小心对待的,故
对军人也只讲小说史,不讲其他。

鲁迅西安讲演,由当时西北大学记录整理后寄请鲁迅改
定,印入《西北国立大学、陕西教育厅合办暑期学校讲演集》中,
后以《中国小说的历史的变迁》为题附录于再版的《中国小说
史略》。全文约两万字,分为六讲,丰富了《中国小说史略》的
内容。

此次讲演，鲁迅也获酬颇厚，先后两次共得薪水和川资三百元。这三百元对刚刚兄弟决裂、处于人生困境中的鲁迅不啻是雪中送炭。收到钱后，鲁迅马上托孙伏园往邮局寄八十六元还新潮社。鲁迅还慷慨解囊，为易俗社捐款五十元。

　　易俗社原名"陕西伶学社"，宗旨为"辅助社会教育，启迪民智，移风易俗"，是著名的秦腔科班。鲁迅在西安时，曾应易俗社和讲演团同人之邀，先后五次观看了该社演出的秦腔《双锦衣》全本、《大孝传》全本和《人月圆》等。

　　这时恰好是易俗社成立十二周年，鲁迅亲笔题写了"古调独弹"四字，制成匾额赠与易俗社。这四个字是鲁迅书风的典型代表，融篆隶于一炉，质朴而不拘谨，洒脱而有法度，现在已成为秦腔界的一块金字招牌。

　　鲁迅生平对京剧常冷潮热讽，对故乡的社戏也常表示厌烦，但却如此厚待秦腔，短期内竟观秦腔五次，实在不同寻常。

　　鲁迅喜收藏碑帖拓片等，其眼光专业而独到，西安之行所获颇丰。他多次同张勉之、孙伏园、李济之等"阅市""阅古物肆"，先后在博古堂、南院门古玩市场等处，购得耀州出土之石刻《吴氏造老君像》和《张僧妙碑》拓片，还购得乐伎土偶人、四喜镜、魁头、瓷鸠和猿首、彩画鱼龙陶瓶、大小弩机等。

　　鲁迅的收购吸引了西安的很多古董商，当时有名的古玩店博古堂老板就曾到鲁迅的住处推销，鲁迅又买了《苍公碑》《大智禅师碑侧面像》《卧龙寺观音像》拓片等。当时的陕西省长刘镇华，在鲁迅临行前，又送给他《颜勤礼碑》拓片一套和《李二曲集》一部。

鲁迅在西安买古董共计花钱三十二元,花钱并不算多,收获却不小,可谓满载而归。以至于 8 月 12 日夜,到达北京前门时,税关见他所携带的小古物数量有些多,觉得奇怪,还故意为难了鲁迅一番,最后才同意让他回家。

西安之行对鲁迅的著述有很大的影响,导致的直接后果之一就是长篇小说《杨贵妃》的流产。从 1922 年开始,鲁迅开始构思《杨贵妃》,先后向许寿裳、郁达夫、孙伏园、冯雪峰等谈起过《杨贵妃》的腹稿。

小说的构想是从唐玄宗被刺一刹那间开始倒叙,把他的一生一幕一幕地映出来。据孙伏园回忆,鲁迅还曾想把《杨贵妃》写成剧本。鲁迅西安之行的动机之一是为创作小说《杨贵妃》作准备,以充实他"破费了数年之工"的这部小说的腹稿。结果到西安一看,全然找不到想象中的长安的影子。

鲁迅说:"我不但什么印象也没有得到,反而把我原有的一点印象也打破了!"鲁迅后来致日本友人山本初枝信说:"五六年前我为了写关于唐朝的小说,去过长安。到那里一看,想不到连天空都不像唐朝的天空,费尽心机用幻想描绘出的计划完全被打乱了,至今一个字也未能写出。原来还是凭书本来摹想的好。"

鲁迅陕西之行,还引出了多篇和陕西有关的杂文和书信,如《说胡须》《看镜有感》等。

鲁迅在西安最重大的美学发现,体现在《看镜有感》中。他结合在西安所见的唐代遗迹,阐发美学主张:

汉唐虽然也有边患,但魄力究竟雄大,人民具有不至于为异族奴隶的自信心，或者竟毫未想到，凡取用外来事物的时候，就如将彼俘来一样，自由驱使，绝不介怀。一到衰敝陵夷之际，神经可就衰弱过敏了，每遇外国东西，便觉得仿佛彼来俘我一样，推拒，惶恐，退缩，逃避，抖成一团，又必想一篇道理来掩饰，而国粹遂成为孱王和孱奴的宝贝。

可谓鞭辟入里。

西安之行是鲁迅一生唯一的一次西部腹地之行，他从长安昭陵带箭的骏马身上，看到了"汉唐魄力究竟雄大"，他也因此受了启发，认为必须"放开度量，大胆地，无畏地，将新文化尽量地吸收"。

鲁迅的这一美学发现和理论主张，对于现代文学及艺术史的意义，远比损失一篇尚未动笔、前途未卜的长篇小说更为宝贵。

全力支持青年创办刊物

1924 年前后，在北京报纸和刊物上出现了一些荒凉的景象，失恋诗风行一时。对于这些，鲁迅早已厌烦，于是就故意作了一首题为《我的失恋》的"新打油诗"，又故意用了"谋生者"笔名投到《晨报》副刊上，来和当时的"诗人"们开开玩笑。

孙伏园很熟悉鲁迅的字体和笔迹，所以他一看就知道是鲁迅投来的稿子，便立刻拿去付排了。恰巧，这时一位刚从欧洲回来的留学生,由于他和晨报馆的关系很深,并对副刊颇不满意,决议对副刊加以"改革"。这时,他看到了鲁迅以"谋生者"笔名写的《我的失恋》这首打油诗,便以"不成东西"为理由,未经编者同意就把稿子抽掉了。

于是事情闹开了,才有了孙伏园辞职自办刊物的事情。1924年11月17日,《语丝》出版了,每周出版一次,撰稿人最初是十六位,都是孙伏园邀请来的。由于种种原因,后来《语丝》的固定投稿者只剩了五六个人,其中投稿最勤快的就是鲁迅。

从最初的发刊起,几乎是每期都有鲁迅的文章,收集在《野草》里的散文诗,都是在《语丝》上发表过的。此外,还有后来收集在短篇小说集《彷徨》内的《高老夫子》《离婚》和收集在杂文集《坟》内的《论雷峰塔的倒掉》和《论睁了眼看》《说胡须》等许多杂文、短评,以及其他的创作和翻译,也都是在这个刊物上发表的。鲁迅成为这个刊物最有力的支持者。

《语丝》的创办者,自跑印刷厂,自当校对,自己发行,甚至自己拿到大众聚集的场所去兜售。由于大家的不懈努力,使这份原本影响不大的刊物逐渐风行起来,销路一天比一天好。以这刊物为中心,在鲁迅的影响下,一批年轻的文艺工作者的队伍,逐渐形成并发展起来。

1925年4月,鲁迅又帮助了另一些青年成立了莽原社。这些青年大都是当时在北京读书的大学生,他们对于现状很是不满的。

鲁迅很早就希望一些青年站出来,对于旧中国的旧社会、旧文明,加以理智的批评。这是成立莽原社的目的。

文化旗手

　　莽原社最主要的活动是出版《莽原》这个刊物。它最初是借用北京《京报》副刊的地位，并随着《京报》发行，开始是周刊，后来又改为独立出版的半月刊。

　　《莽原》的篇幅虽然不多，但却费去了鲁迅的不少心血。重要的批评论文由他写；青年们写的稿子也要由他亲自来看；排版的格式如何，怎样装订，为了使这小小的刊物美观，甚至于一个标点的位置，他都放在心里。

　　为了支持这个刊物，鲁迅把全部身心都投入进去了。鲁迅在《语丝》上已经发现和培养了一些青年作家，现在他又继续在《莽原》上竭力推荐一批新的作家和翻译家。

　　继莽原社成立之后，1925年，鲁迅又帮助另外一批青年们成立未名社。它和莽原社不同的是，更加着重于文学创作和翻译介绍方面的工作。

　　鲁迅还帮助青年作家编辑和出版了两种丛书：一种是专收文学创作的《乌合丛书》，另一种是专收翻译作品的《未名丛刊》。鲁迅的短篇小说集《呐喊》，就是《乌合丛书》里的一种。鲁迅的作品和青年作家的一些作品并列在一起，这件事本身，就是对青年作家一个很大的鼓舞。

　　通过鲁迅和青年作家的劳动，更多的俄罗斯文学作品、苏联的革命文学理论、现代苏联作家的作品开始更广泛地在中国读者中间流行起来，象征着中苏两国人民的深厚友谊的"中俄文字之交"，获得了进一步的发展。

　　自从《新青年》这个团体散掉之后，原来参加了这团体的人们有了很大的分化，"有的高升""有的退隐""有的前进"，最后剩下来的只有"敢于直面惨淡的人生,敢于正视淋漓的鲜血"的"真的猛士"了,鲁迅便是其中最坚定的一个。

鲁迅怀着迫切的心情,寻求并肩作战的伙伴,继续和旧社会进行斗争。寻求的结果是,他在青年群众中找到了支持他的战斗力量,即便如此,他那彷徨和苦闷的心情却没有减轻,反而更加苦闷了。当时鲁迅的思想和情绪,在他的散文诗集《野草》和短篇小说集《彷徨》中也有表现。

鲁迅当时的思想情绪是充满矛盾的,他说:"过去的生命已经死亡,我对于这死亡大有欢喜,因为我借此知道它曾经存活。死亡的生命已经腐朽,我对于这朽腐有大欢喜,因为我借此知道它还非常空虚。"

而鲁迅这种思想上存有矛盾的根本原因在于,他不明确他的出路在哪儿,不知道该走到哪里去。《彷徨》中的大部分作品,鲁迅是以极沉重的心情写出来的,例如《祝福》和《伤逝》。

《祝福》中,"祥林嫂"的原型是"单妈妈"和"宝姑娘"。

鲁迅故宅的百草园,是他儿时的乐园。这里除了优美的环境和有趣的小生物外,还住着一位单妈妈。单妈妈身世很可怜,她曾两次嫁人,并与第二个男人生了一个可爱的儿子,一家人贫穷而安稳地生活着。

但"天有不测风云,人有旦夕祸福",第二年她的男人和儿子便双双死去。她曾悲哀、恐惧地对鲁迅说,到了阴间,阎罗大王一定会把她锯成两半,分给她的两个男人。

在鲁迅的旧居旁边有个杂货铺,店主人有个女儿叫宝姑娘。因鲁迅常去小店里买东西,就和宝姑娘混得很熟。不久,宝姑娘便被狠心的后母卖到山坳里去了。

当时,浙江一带有抢亲的陋俗。一天,宝姑娘夫家来抢亲,她不愿意,就从后面楼窗跳下,沿河逃跑时不慎滑入河中。正巧夫家的抢亲船就停在那儿,便把她捞起,纳入船舱,划橹而去。

鲁迅就把两件事合二为一,再增加一些故事,便塑造了祥林嫂这一典型形象。

《呐喊》和《彷徨》这两本小说集,反映了1911年辛亥革命失败后,到1925年前,这一历史时期的封建阶级的没落和农民的革命情绪的增长。

鲁迅革命文学活动的真正开始时代,是在新的人民民主革命的时代,也就是1919年之后。这是中国人民觉醒的时代,中国工人阶级逐步登上历史舞台,并且开始发挥决定性作用。"五四"以来鲁迅的革命文学活动,是遵循着中国共产党的马克思主义总方向进行的。

兄弟之情的破裂

20世纪20年代初期,鲁迅主持并创立了一些文学刊物和社团,扶植了很多青年,后来有的社团内部分裂了。鲁迅细心培育过的少数青年,后来在他困苦的时候落井下石,让他心痛不已!

而最令鲁迅心痛的,是这种莫测之变竟然发生在家庭之内、兄弟之间。可想而知,这给他的打击是多么的疼痛。

鲁迅和他的二弟周作人，两人年龄差不多，从童年的时候直至"五四"时期，都走着差不多的人生道路。他们都去上新学堂，都到日本留学，都面对着相同的历史任务，而且在日本时期奠定了相当一致的思想基础。

他们都热爱文艺，有着共同的反封建、要求个性解放和改造社会的理想。他们在留日和"五四"时期，能够并肩战斗，成为当时文坛上耀眼的"双子星座"。

作为哥哥的鲁迅一直很关心周作人的成长，无微不至地帮助他。周作人从日本回来后，一直都在绍兴教书。1917年，在鲁迅和许寿裳的推荐下，由鲁迅汇寄路费，周作人来到北京大学，成为特聘教授。

在一开始几年里，他们兄弟间的情谊，已经从少年时的相依为命，青年时的共宿共读，发展到在学术上相互切磋，在事业上携手前进。

他们共同反对封建思想文化，提倡新文化、新文学。"周氏兄弟"，同为《新青年》的重要撰稿人，是"五四"文坛上的两颗明星。

在鲁迅居住北京期间，他和周作人信件往返频繁，共有二百六十多封，鲁迅还经常给他邮寄书刊，可见他对二弟何等关怀。周作人初到北大任教时，总是先写好讲稿，让鲁迅修改，有时鲁迅还给他誊写。

自从周作人带着妻子羽太信子回到中国后，鲁迅一直负担他们全家生活的费用，还经常汇款到东京，接济羽太家的老人，资助她弟妹读书。

1919 年，为了全家人能定居北京，实现早年曾经许诺的三兄弟共同生活，永不分家的夙愿，鲁迅多方奔走，花了四千元买下并修缮了八道湾的房子。这些钱除了有卖掉绍兴故宅所得，还用去了鲁迅多年的积蓄，甚至向银行贷了款。

鲁迅之所以不惜花费巨款，买了这个院子，是因为房间多，空地大，适宜儿童活动和玩耍。这时他自己并没有子女，倒是两个弟弟有子女，而周作人已有一子两女。

房子修好后，周作人便带着妻子、儿女和妻舅一批人，从日本游玩完毕回到了北京，这一家人就这样独占了后院整幢房子。

1919 年 11 月，鲁迅搬入八道湾以后，为了全家和睦，他把自己的薪水都交给羽太信子支配。那时他们兄弟两人的收入，每月约有六百元。但羽太信子挥金如土，雇了许多的男女佣人，什么东西都要去日本商店买，大小病都要请日本医生。所以月月亏空，总需要鲁迅到处借钱，而周作人却不闻不问。

有一次鲁迅借到钱，连忙坐黄包车拿回家，却看见医生的汽车从家里开出去，他不免感慨地说："我用黄包车运来，怎敌得过用汽车带走的呢？"

鲁迅对待别人很诚恳，对于不合理的事情，他要提出来，要正确处理各种问题，就不免要触犯羽太信子，这也就招来了周作人的不满，因此就受到许多折磨和打击。

鲁迅很爱孩子，他买糖果给周作人的小孩吃，羽太信子不让他们接受，而让扔掉这些糖。鲁迅还听到她对孩子的斥责："你们不要到大爷的房里去，让他冷清煞！"

孩子们是天真的,不明白什么叫"让他冷清煞",还是要偷着到大爹的房里去。这仿佛又成了鲁迅的罪过。后来鲁迅对增田涉谈到这些往事,说到糖果被扔掉时,十分感慨地说:"好像穷人买来的东西也是脏的。"

这使听讲者不由想起鲁迅常说的"寂寞"这个词的深沉含义。

在和周作人夫妇的相处中,他如牛负重,却得到了相反的回报,这令人心寒。1923年7月24日,鲁迅开始和周作人一家分开吃饭。

又过了五天之后,周作人捧着一封写好的信,走到前院鲁迅的屋里,要求从此跟他断绝往来。鲁迅让他当面作出解释,可是他回过头去,慌慌张张地走了,以后就始终避不见面。

因为周作人轻信了有些神经质的羽太信子的话,终于把长兄逼入困境。兄弟的决裂令鲁迅充满了痛苦与愤怒,他默默地牺牲了自己,而自己帮助过的兄弟竟会这样蛮横地对待自己,实在太出乎意料了。

鲁迅不能忍受这无端的屈辱,决定搬出这个宅院。他通过自己的学生许钦文租来了砖塔胡同61号的空房子,这栋小房子,显得十分拥挤。

这时周建人也已经离开八道湾,去上海商务印刷馆工作了,这样,周作人一家就独占了鲁迅用巨款买来的全部房子。

鲁迅的母亲仍和周作人一起住,虽然他们雇了几个佣人,但是老人却仍需自己料理生活。后来老人病了,周作人夫妇也很少照顾。于是周老太太哭着来找鲁迅,有时就在这里住下看病。

由于心情不好，又得为生活奔波，鲁迅大病一场，就是在病中，也不能休息。老太太住不惯租来的房子，鲁迅就带病到处看房子，在朋友的帮助下买下了阜成门内西三条胡同的房子，加上翻修，花了八百元。

这个价钱仅是原来八道湾房价的五分之一，由于当时鲁迅手头拮据，还是都向朋友借的，直至去厦门任教时才还清。

虽然鲁迅和周作人决裂了，但他因为周作人对新文化事业尚起一些积极作用，还是把私事放在了次要地位，继续与弟弟处于同一个文学团体中。而且他还始终保有手足之情。

这一点，周作人也意识到了，后来他评价鲁迅是借男女爱情的悲剧来哀悼兄弟恩情的断绝。后来鲁迅又写小说《弟兄》，实际上是在追念自己对周作人得病的忧思，表示只要弟弟有难，仍可以向他寻求帮助。周作人也很清楚这一点，他自己说《弟兄》所写，"十分之九以上是'真实'的"。

支持学生的爱国行动

"五四"新文化运动继续向前发展，在中国知识界发生分裂是不可避免的。买办资产阶级知识分子的代表胡适、陈西滢之流，日益显露出了他们充当帝国主义、北洋军阀、官僚走狗的真面目。

于是，鲁迅便率领着一支年轻的文化新军，与这些御用文人展开了激烈的复杂的斗争。

女师大原来是一所初级师范学校,后改成女子高等师范学校。校长是鲁迅的老朋友许寿裳。许寿裳和北京大学校长蔡元培有着密切的关系。因此,他从北京大学请到许多教师来女师大兼课,鲁迅也是其中之一。

许寿裳辛苦经营,使学校有了一番新气象,而这正惹起了代表封建势力的教育总长及其爪牙的嫉恶,反动当局对许寿裳制造了许多流言,以致他愤而辞职。接替者是由教育总长派来的杨荫榆。

杨荫榆的封建家长作风,很快就遭到了学生的反对。可是她不但不思改革,反而独断专行,横加弹压。她还与反动教育当局勾结起来,排除异己,极力压迫学生。为了中饱私囊,她又违反章程,向学生们征收额外的费用。这种种劣行,引起了学生们强烈的不满,于是大家就起来反对她做校长。

11 月初,三名暑假回家度假的学生,因军阀混战,交通阻塞,没能按时返校。杨荫榆却迫令她们停学。终于激起了更大的公愤,女师大风潮正式爆发。

鲁迅坚定地站在进步学生的立场,参加进步师生组成的校务维持会,组织全校学生发起了一场"驱扬运动"。

但是风潮闹了几个月,呈文递了无数,教育部也来人查了两次,最终还是毫无结果。

1925 年 5 月 7 日,是"国耻纪念日",北京学生界召开纪念大会。杨荫榆就借此机会在校内布置了一个讲演会,邀请了校内校外的人士前来演讲,并以校长资格出面主持。这是一个阴谋:她想利用这个机会,把学潮平息下去。

杨荫榆因为有北洋军阀政府教育当局的支持,她既定的阴谋正一步步开始进行着。第二天,学校公布了许广平、刘和珍等六个学生自治会代表被开除。

　　全校的学生都被激怒了,她们立刻到操场上集合,整队走向校长办公室,抗议杨荫榆开除学生的无理决定。全体学生都一致表示拥护学生自治会的代表和她们的总干事许广平,并且支持她拿封条把校长办公室封掉。斗争从此更尖锐化了。

　　学生们于是不得不向各方寻求援助,她们首先求助于平日关怀与爱护她们的校内教师们。鲁迅和许寿裳,还有其他几位教授,就在这时参加了支持学生的正义斗争。鲁迅还安排无处可去的许广平住进了自己西三条胡同的家里。

　　许广平原来就敬佩鲁迅的为人,以前曾多次写信向他求教,鸿雁往来,先生那渊博的知识,高尚的情怀曾数次拨动她少女的心弦。此次鲁迅慨然相助,更使许广平的内心产生了异样的情感。

　　鲁迅此时尚无暇关注许广平的内心世界,而是和许寿裳等几个教员一起,在5月27日的《京报》上发表宣言,声明对于女师大事件的态度,支持学生们的正义行动。

　　正在女师大事件发展过程中,1925年5月30日,因日本帝国主义枪杀中国工人而引起的"五卅事件"在上海爆发了。

　　反帝反封建军阀的斗争于是在全国各地展开,北京的学生爱国运动和全国群众的爱国运动结合起来了,这使得为帝国主义和封建军阀服务的买办资产阶级文人大为惶恐。他们纷纷出来为反动势力辩护。

鲁迅立即予以痛斥,并指出,枪杀中国人民的,不仅是帝国主义者,还有国内的封建统治阶级。

鲁迅是反动统治者的"眼中钉"。他们以鲁迅参加女师大的校务维持会为借口,非法免除鲁迅的教育部佥事的职位。鲁迅严厉地斥责反动教育当局和杨荫榆、陈西滢等人诬蔑、压迫青年的罪恶行为,并向"平政院"提起诉讼,控告被非法免职。

由于长期的紧张和疲劳,鲁迅病倒了。但是他却抱病坚持工作,经常出席女师大维持会、教务会,并主动提出把义务授课时间增加一倍。

在这一段时间,许广平悉心照料鲁迅的衣食起居,奉汤递药,端茶递水,使鲁迅在艰难的日子里体会到丝丝真情。

在广大社会力量的声援下,学生终于获得了胜利。1925年11月30日,女子师范大学宣告复校,杨荫榆被撤职,女子大学取消,学生们回原址上课,"女师大"事件至此取得了完全的胜利。

1926年3月12日,两艘日本军舰开进了大沽口,开炮轰击冯玉祥领导的国民军。13日,日本政府就向段祺瑞政府提出抗议。16日,英、美、德、意、荷兰、比利时、西班牙和日本等八个帝国主义国家,对段祺瑞政府又提出了最后通牒,限定18日正午以前答复。

18日,北京民众三万多人举行反对八国通牒的群众大会,会后开始游行示威。当一部分青年学生和各界代表走到段祺瑞政府门前请愿时,段祺瑞命令卫队开枪。霎时间,血肉横飞,当场四十多人遇难,二百多人受伤。

枪声后,手拿大刀铁棍的散兵冲过来,他们向中枪倒地、尚有生气的人当头打去。女师大学生自治会主席刘和珍和她的几个女同学就在这时被虐杀。革命领袖李大钊头部也受了伤,但他仍镇定指挥群众撤离。

第二天,段祺瑞卖国政府通缉革命领袖李大钊等人。接着又通缉了鲁迅。

不久,为了牢记这次惨案,鲁迅写了一篇《记念刘和珍君》。他写道:

> ……我实在无话可说。我只觉得所住的并非人间。四十多个青年的血,洋溢在我的周围,使我艰于呼吸视听,哪里还能有什么言语?长歌当哭,是必须在痛定之后的。而此后几个所谓学者文人的阴险的论调,尤使我觉得悲哀。我已经出离愤怒了……

在惨案发生后,鲁迅被列在通缉的人之中,于是他不得不出外避难。避难生活很不安定,加之写作的疲劳,使鲁迅回到自己的寓所后,胃病发作,经过短时间的休养,身体状况有了些改善。但不久后,北京的情形起了变化,军阀吴佩孚和张作霖相继来到了北京。

1926年8月,鲁迅不得不离开北京,许广平毅然与他同行。他们由津浦路乘车南下,来到了上海。

到上海后,鲁迅就和许广平分手了。他们互相约定,两年之后再见面。许广平由海路去了广州,在广州女子师范学校任教。鲁迅离开上海,前往厦门,应厦门大学的聘请,担任中国文学系教授兼国学院研究教授。

在厦门任教的日子

1926 年 9 月,鲁迅抵达了厦门,暂时住在码头附近的旅馆,随即被林语堂、孙伏园接进了学校。

鲁迅来到了爱国华侨陈嘉庚筹资创办的厦门大学。他的到来,在青年学生中产生了强烈的反响,他们欢呼雀跃,奔走相告。外地也有一批青年,闻信转学到厦门。

在厦大,他教授"中国文学史"和"中国小说史"两门课程,还兼任国学院的研究教授。本来文科的教室,一般只有十来个必修的学生听课,很冷清的。可是鲁迅每次来上课,钟声刚响,教室里早就坐满了人。

鲁迅的讲授之所以特别吸引听众,是因为他态度认真、思想新鲜、史料翔实、分析透彻。他每周上四节课,有两节文学史需要新编写讲义,在厦大图书馆资料不足的情况下,为了编好讲义,他常常废寝忘食,锐意搜求。

鲁迅的这些讲义,从远古的《第一篇　自文字至文章》写到汉代的《第十篇　司马相如与司马迁》,先后在厦门大学和中山大学讲过,后来整理成了著名的文学史著作《汉文学史纲要》。

青年学生不满足于只听鲁迅讲课,更喜欢直接向他提出问题,寻求生活真理的指导。

有一次,一群学生同他谈起当地的文艺现状,感到很不满意。他们要求鲁迅指导创办刊物,想要提倡本地的新文艺和白话文,与封建思想做斗争。

鲁迅满口答应,在他的帮助下,成立了两个文艺团体:一个叫泱泱社,出版《波艇》月刊;另一个叫鼓浪社,出版《鼓浪》周刊。

这些给青年很大的帮助和鼓舞。鲁迅是青年的文学导师,也是他们的知心朋友。不仅学文学的青年,还有学法科、教育科以及其他学科的学生都乐于同他接近。他的思想光芒,照耀在这些青年身上,引导他们向前进。

鲁迅到厦门大学没多久,就感到厦门和仍受军阀统治的北京一样"不干净",是一个没有希望的地方。

这里的世俗眼光是势利的,只重衣冠不重人,鲁迅却与此相反,对于生活和衣着毫不讲究。因为他跟一般西装革履、衣冠楚楚的教授、学者不同,所以曾遭到一些人的冷眼。

那时候,厦门大学给教职员发薪水,是由总务处开支票到市区的集通银行去领取。有一次,当鲁迅来到柜台,将支票递过去时,柜台里的人接过支票,抬起眼睛一瞥,慢吞吞地说:"你就是周树人?"

鲁迅点点头,那人便从上到下再瞟鲁迅一眼,不禁疑惑起来:"堂堂一个大学教授,衣着怎么这样寒碜?莫非是人家丢了支票,他捡来冒领?"

那个人要鲁迅先到一个房间里等候一下,然后背着鲁迅,给厦门大学的总务处打了电话,完全证实了鲁迅确是这个样子时,才满脸堆笑地领着他去办理领款手续。

学校当局也相当腐败,只认钱财,急功近利。鲁迅刚来学校,他们就问年底有什么文章发表。于是鲁迅把《古小说钩沉》整理一下拿出来,但是刚送走不久,就退回来了,从此再也不敢提这方面的事。

校长林文庆总是借鲁迅的名气来为他装点门面。有一次,一位银行家来到厦门大学,学校当局忙得不亦乐乎,又是列队欢迎,又是大摆宴席。

鲁迅蔑视这种绕着"钱"字打转的风气,他在给许广平的通信中说:"我固然是'北大同仁'之一,也非不知银行之可以发财,然而于'铜子换毛钱,毛钱换大洋'学说,实在没有什么趣味。"

有的人不明底细,还要拉鲁迅去陪银行家照相,鲁迅斩钉截铁地说:"道不同不相为谋。"

校长更不识趣,他宴请银行家,又来邀请鲁迅作陪。鲁迅在通知单上签了个"知"。林文庆以为鲁迅这下给他面子了。可是依然落了场空欢喜,鲁迅没去。鲁迅后来解释说,那个"知"字是"不去可知矣"。

鲁迅本打算在这里住一两年,编写《中国文学史》稿,同时把厦大的文科振作一下,可是相信"有钱人说话"的校长,即英国籍的中国人林文庆博士,是一个尊孔的买办,既不懂得鲁迅,也不懂得中国文学,他所要求的只是学者的皮、奴才的骨。

这里的同事们也多是油滑浅薄、语言乏味、面目可憎的人物。鲁迅住在图书馆的楼上,下课之后,同事们没有可与他交谈的。现实的芜杂状态使鲁迅看了很难过,整天面对大海或翻开古书,不免感到孤独寂寞,便开始了生活的回忆。

正在此时,北京未名社向鲁迅催稿,他便写下了一些回忆童年生活的散文,后收入《朝花夕拾》。

当时,"现代评论"派的人到处排挤鲁迅,尤其是白果,他是林语堂的秘书。

有一天,白果突然走进鲁迅的宿舍,一脸假笑说:"昨天吴教授的少爷已到,需要从这里搬走两张椅子。"说完,就伙同来人动手要搬。

鲁迅很气愤,反问说:"倘若他的孙少爷也到,我就得坐在楼板上吗?"

白果哑口无言,神情尴尬地溜走了。事后竟然攻击鲁迅"又发名士脾气了!"

鲁迅听到了,反问道:"难道厦门的'天条',只有名士才能多一个椅子?"

10月的一天,国学院要开古物展览会,要求鲁迅将他收藏的碑碣片拿去陈列。鲁迅就着手准备,但是他只有一张小方桌和小书桌,许多展品只好摊到地上,他便伏在地上一一选出。

拿去陈列时,白果又不让工友协助,鲁迅只好自己在桌子上放一把椅子,爬上去悬挂展品。孙伏园看着过意不去,曾来帮助陈列。中途,白果又将孙伏园叫走。

学校当局这种不尊重教员的态度令鲁迅十分不满,他愤而辞去国学院研究教授的职位,以示抗议。学校当局难以下台,又将聘书送了回来。白果则恼羞成怒,竟又借故生事。

这时,广州中山大学多次向鲁迅发来邀请的电报,鲁迅最后接受了聘请。1926年12月31日,鲁迅向厦大当局提出辞职。

校长林文庆派秘书送来聘书,假意要挽留鲁迅。

在一次会议上,大家讨论着文科的预算,校长主张削减经费,最后竟搬出他的买办式的格言来说:"现在是有钱人说话的时候。"鲁迅听了,摸出一枚两毛的银角子来,往桌子上一拍,说:"我有钱,我也要说话!"在这样的环境中,鲁迅的一切言行,自不能不与学校当局相背。

于是鲁迅把厦门大学的聘书退还了学校,离开了厦门。

在白色恐怖下奔走

这时,中国正进行着伟大的革命,"北伐"胜利的消息频频传来,鲁迅经常带着兴奋的心情给许广平写信报告胜利消息。鲁迅在厦大虽然感到有些孤军作战,但是他的战斗任务,客观上是与整个革命的要求合拍的。

鲁迅的辞职,正是一种阵地的转移,他要到"革命策源地"的广州去深入战斗的漩涡,集合广大的群众来重新布阵。而早已在广州的许广平,也表示愿做他"永久的同道"。鲁迅于1927年1月18日便离开了厦门,来到广州。

在中山大学里,鲁迅任文学系主任兼教务主任。广州的青年对鲁迅景仰已久,他们希望鲁迅先生出来领导他们从事文艺运动和社会改革运动。

鲁迅说:"我的年纪比较老一点,站在后面叫几声,我是很愿意的,要我来开路,那实在无这种能力,至于要我帮忙,我或者有力可以做得到。现在我只能帮帮忙,不能把全部责任放在我身上。"

鲁迅到中山大学执教的消息传开后,来访者络绎不绝,他开始与各方面人物接触。

毕磊以中大学生代表身份上门拜访,把中国共产党的刊物《向导》《人民周刊》和共青团刊物《少年先锋》送给他,鲁迅热情地接待了进步学生。鲁迅拒绝了学校当局的欢迎会,却在1月25日下午在毕磊的陪同下,出席了中大学生会为他举行的欢迎会,受到热烈的欢迎。

鲁迅在广州度过了农历新年,领略了南国风光,观赏了除夕花市,对国民党达官贵人的宴请请帖,一律写下"概不赴宴",并予退回。

鲁迅对报上借他来穗之题发表的各种文章,一概保持沉默。别有用心的记者邀鲁迅对广州的缺点加以"激烈的攻击",鲁迅冷淡地答以"还未熟悉本地的情形,而且已经革命,觉得无甚可以攻击之处",由此又招来"老朽"之类的谩骂。

鲁迅并未还手,他将全部精力贯注到准备开课的教学事务上,表示要对中山大学"尽一点力",把"中大的文科办得要像个样"。

那个学期,中山大学要到3月1日开学,3月2日正式上课,可是鲁迅于2月10日就开始工作了。鲁迅除主持召开教务会议、文科教授会外,还忙于众多事务。因为鲁迅是中大第一任教务主任,所以一切教务工作都得从头做起。

拟订教务处规章,着手改革预科的学制,精简预科的科目及教材,接纳朝鲜和国内各地包括台湾等地的进步学生入校,主持校内学生及转学学生的编级试验,甚至排课表、发通知书、核算成绩、写榜、贴榜等具体工作,都得鲁迅亲自动手。

繁重的工作,压得他有时连吃饭都顾不上,但他却毫无怨言。此外,他还要接见各式各样的来访者。

3月1日,中山大学举行开学典礼,鲁迅应邀即席发表了《读书与革命》的讲话。鲁迅说:"对于军阀,已有黄埔军官学校的同学去攻击他,打倒他了。但对于一切旧制度、宗法社会的旧习惯、封建社会的旧思想,还没有人向他们开火!"

"中山大学的青年学生,应该以读书得来的东西为武器,向他们进攻,这是中大青年的责任。"

此时,鲁迅在青年中间有一个新发现,那便是他们分成了两个阵营,之间已经展开了激烈的斗争。在鲁迅接近的学生当中,就有好多是共产党员,可也有"投书告密,助官捕人"的。接着在官办的报纸上,有人用"流言"的"武器",对鲁迅加以袭击、陷害。

鲁迅在3月29日,因为"谨避学者",搬出中山大学,自己在广州东堤赁白云楼居住。

4月8日,鲁迅应邀到了黄埔军校,发表了《革命时代的文学》的演讲说,"中国现在的社会情状,只有实地的革命战争,一首诗吓不走孙传芳,一炮就把孙传芳轰走了",他"仿佛觉得大炮的声音或比文学的声音要好听得多似的"。

鲁迅也谈到了革命文学。他认为我们的生活中没有革命文学。当革命进行时,大家都在忙革命,没有革命文学。等革命成功之后,大家都去歌颂时,也不算革命文学。真正的革命文学,一方面要有颂歌,另一方面也要有挽歌。

鲁迅拿革命去看文学,拿文学去看革命,这是鲁迅自己创作的让革命与文学相互证明的方法。这是鲁迅自己的发现和发明。

鲁迅也谈到了革命有大革命和小革命的区别。小革命就是我们说的改良,大革命有短时期爆发的暴力斗争。鲁迅认为,革命没有一刻不存在,大革命没有,小革命也会进行。因为人类社会的发展史是不能停顿的。

北伐节节取胜,1927年4月10日,鲁迅在白云楼寓所听到广州民众上街游行,庆祝北伐军攻克南京、上海的欢呼声,写下了《庆祝宁沪克复的那一边》一文。鲁迅敏锐地提到"庆祝,讴歌,陶醉着革命的人们多,自然是好的,但有时也会使革命精神转成浮滑"。

鲁迅直言告诫,要防止"革命精神从浮滑,稀薄,以至于消亡,再下去是复旧"。鲁迅的预言,为几天后的上海"四一二反革命政变"和广州"四一五大屠杀"所证实。

4月12日,在上海,以蒋介石为首的国民党反动派公开屠杀工人群众及共产党员,接着在广州也发生着同样的惨剧。

4月15日,国民党反动派在中山大学"清党"。事变中,中山大学遭到大搜捕。下午,鲁迅冒着狂风暴雨,赶回中大出席各系主任参加的紧急会议。

鲁迅在紧急会议上据理力争,他说:"'五四'运动时,学生被抓走,我们营救学生,甚至不惜发动全国工商界都罢工罢市。我们都是'五四'运动时候的人,为什么现在这么多学生被抓走,我们又不营救了呢?"

会议作不出决定,鲁迅愤怒退席。他奔走营救学生,捐款慰问被捕学生。然而,中山大学图书馆前贴出开除数百名学生学籍和教职员公职的布告。鲁迅以辞去中山大学一切职务表示抗议。学校当局还想利用他的声望装饰门面,都被鲁迅拒绝。

中山大学当局拉不回来鲁迅,翻脸将接近过鲁迅的人都说成"鲁迅派"或"语丝派",用尽手段孤立鲁迅。鲁迅看穿了反动派罗织罪名的伎俩,坚持继续留在广州从事创作和翻译。

来访的青年朋友恳切地劝鲁迅到别的地方去,但是他说:"他们不是造谣说我已逃走了,逃到汉口去了吗?现在到处都是乌鸦一般黑,我就不走,也不能走。倘一走,岂不正好应了他们造谣?"

鲁迅在白云楼编完《唐宋传奇集》,在题记中悼念被杀害的革命青年。在《唐宋传奇序列》中有"时大夜弥天,璧月澄照,饕蚊遥叹,余在广州"之句,概括了鲁迅在广州生活的心情。其寓意:一是讽刺造成白色恐怖的当局,二是对上海某君造谣中伤的反击。

"四一五大屠杀"让鲁迅目瞪口呆。尤其震惊的是那屠杀者中间,竟也有许多青年人,不但是年轻的目不识丁的赳赳武夫,更是年轻的戴着眼镜的大学生,投书告密,助官捕人,这些青年似乎还格外起劲。残酷的现实彻底摧毁了鲁迅曾经信奉的进化论的思想!

1927年7月16日,鲁迅在许广平的陪同下,到知用中学作

《读书杂谈》讲演。鲁迅告诫中学生,必须"用自己的眼睛去读世间这一部活书","必须和社会接触,使所读的书活起来"。

当时,何春才也是知用中学的学生。他还清楚地记得,鲁迅先生是针对时弊而发表他对读书的意见的。他旁征博引,材料丰富,说话生动,比喻确切,讲者畅所欲言,深入浅出,听者津津有味,深受教育。

当时,广州还是笼罩在白色恐怖气氛中,到处搜捕革命青年,而鲁迅在公开场合中演讲,敢于提出与当局主张尊孔读经相违背的意见,劝导学生搞好功课的同时,不妨看点自己感到有兴趣的文学书籍,也不妨看点俄国的文学论著,以开阔眼界。他的言论是合情合理,无懈可击的。

鲁迅先生对有朝气的、追求进步的青年是很爱护的。有一次在饭桌上,鲁迅对何春才说:"你叫何春才,春字下面加两个虫就变成了何蠢材。"表面上是开了个玩笑,但何春才根据鲁迅先生平时对他的关心和爱护,知道这句话的含意是"你要变成一条龙,不要变成一条虫"。

鲁迅还曾应香港进步青年邀请,赴港发表了《无声的中国》和《老调子已经唱完》两场演讲,许广平担任了鲁迅的广州话翻译。对于广州的政治形势,鲁迅已看出"深绿和深红"的复杂性,他在冷眼观察。用许广平的话来说,"他是要找寻敌人的,他是要看见压迫的降临的,他是要抚摩创口的血痕的。等着终竟到来的机会"。

此时的广州,反革命势力到处伸出罪恶的黑手,使空气中充满了残杀的气氛。

在广州,鲁迅度过八个月,他在复杂的环境中笔耕不辍,编辑了旧作《野草》《朝花夕拾》,续译《小约翰》,创作了《故事新编》中的《铸剑》,编录《唐宋传奇集》等,写了计划中的《中国文学史》自古文字起源至汉司马迁的十篇。同时还写了一批杂文,辑成《而已集》,记录着他在广州期间的足迹和思想转变的过程。

　　《而已集》的题词,可以看作鲁迅对自己在广州的这段经历的小结:

　　　　这半年我又看见了许多血和许多泪,
　　　　然而我只有杂感而已。

　　　　泪揩了,血消了;
　　　　屠伯们逍遥复逍遥,
　　　　用钢刀的,用软刀的。
　　　　然而我只有"杂感"而已。

　　　　连"杂感"也被"放进了应该去的地方"时,
　　　　我于是只有"而已"而已!

　　从此,鲁迅开始转变成阶级论者。在白色恐怖中,鲁迅无所畏惧地站到无产阶级的战斗行列中来。

患难与共的知心伴侣

1927年9月27日,鲁迅和许广平登上"山东号"轮船,离开广州前往上海。9月28日,鲁迅和许广平先来到了香港。这是鲁迅第三次,也是最后一次来到这个被殖民的岛屿。

到达香港的第二天午后,英国殖民当局雇用的两个检查员因为没有得到贿赂,将他携带的几口书箱又撕又扯,翻搅得凌乱不堪。

当鲁迅要求他们不再翻看旁边的箱子时,一个检查员低声跟鲁迅说,要给十元钱才肯罢手。鲁迅没理睬他,于是他们照样把另外的几口书箱和提包弄得一塌糊涂,甚至以捏造罪名进行要挟。这场殖民地的小小闹剧,让鲁迅更感到了当时中国的暗夜无边。

他们经过几天海上的航行,于10月3日抵达上海,几天之后,迁入闸北区景云里的寓所。如今,他们已在患难中结下了深厚的感情,再也不能分离了,也应该在一起生活了,从这时起,他们正式建立了自己的家庭。

对于鲁迅来说,一个有爱情的家庭和一个患难与共、相互了解的伴侣,是多么的重要啊!许广平敬仰他,体贴他,衷心地热爱他,并献出自己全部的智慧和才华来帮助他。她知道伟大的鲁迅不是属于她自己的,而是属于这个苦难的民族。因此,她尽自己所能,支撑和保护鲁迅的战斗。

同居后不久，许广平曾希望在教育界找个工作，找到后，鲁迅却不愿意她离开自己的身边。他含蓄而深沉地说："这样，我的生活又要改变了，又要恢复到以前一个人干的生活中去！"

鲁迅的话，打动了许广平的心，她感到鲁迅多么珍爱现在这两个人在一起的日子，她不应该改变这些，于是马上决定：不出去工作了，时时陪伴着他，做一个坚贞不渝的战友和知音去支持他。

对于比自己年轻许多的许广平，鲁迅一方面感谢她真挚的支持，另一方面又像师长一样关怀和爱着她，到上海两个月后，他开始教她日语。

虽然鲁迅的工作很繁忙，但他却挤出时间，给许广平编出二十七课的讲义，从教单字开始，内容逐步深入。

每天晚上，是他们的授课时间，在安宁和谐的灯光下，夫妻二人认真地教着、学着，不浪费任何一个普通的夜晚。除了有人邀请，鲁迅回家太迟了，才会在这一个晚上停学。

后来，鲁迅又教给她日语版的《马克思读本》，他们两人都敬仰马克思这位长着大胡子的革命导师，在恩爱的相互切磋的氛围中共同学习这新鲜而伟大的真理。

鲁迅到上海后气色好多了，人也胖了，衣着也整洁了，这都是许广平照顾的功劳。她除了平日学习日文，其他能够工作的时间，全部献给了鲁迅，自己把家里柴米油盐的一切琐事都承担起来。

许广平是辛苦的，除了要替鲁迅购买书籍、查找材料、校正文章之外，还要替他织毛衣、做棉鞋、缝衣裳，就连换件衣服，也是她拿到面前。鲁迅含蓄地对人赞美说："我现在换衣服也不晓得向什么地方拿了。"

而繁忙的鲁迅一天的时间总是排得满满的。虽然在心中感激着，却极少有交谈的时间，他对劳累的许广平是深怀歉意的。所以每夜在许广平将去睡下时，他总要陪她坐几分钟。

这时，他总是说："我陪你抽一支烟好吗？"

"好的。"许广平总是这样回答。

烟雾袅袅上升，真的爱情就像炉中的火，很平常，却给人以温暖。他躺在许广平身边，海阔天空地谈着，烟抽完了，他还想谈，于是，又请求许广平："哦，再抽一支烟好吗？"

"好的。"许广平说。

鲁迅更高兴了。他又谈了起来。然而，劳累一天的许广平却在他的声音与烟雾中睡着了。这时，鲁迅才轻轻地走开，继续坐在那已铺满稿纸的灯光下。

鲁迅曾多次深情地望着劳累的许广平说："我要好好地为中国做点事，才对得起你。"听到伟大心灵这样恳切的表白，许广平幸福地笑了。

然而，他们之间有时也有小小的风波。个性倔犟而从不掩盖自己情感的鲁迅，有时会因为许广平几句不合心意的话而不高兴。

这个时候，鲁迅就用沉默来表达自己的不满，更严重的时候就烟茶不动，像大病一样，一切不闻不问。这伟大的作家，有时像个孩子似的发泄他的不满，鲁迅不止一次有过这种情形。

鲁迅对许广平生气的时候，有时会在晚饭之后，独自一个人跑到凉台上,在那里无言地睡下,直至许广平把他叫醒。

每当这个时候,许广平总是感到忧郁和惆怅,但她能够理解他。而且最多不过一天,鲁迅就会意识到自己给亲人带来的不必要的痛苦,于是,他会在抚慰许广平时道歉地说:"我这个人脾气不好。"

经过了八个月这样劳累而美好的生活之后,他们应许钦文之邀,到杭州西湖去休息了几天。因为曾发生了有人冒他之名骗人的事情,所以他们这次去杭州,只让两三个熟人知道。

鲁迅在杭州尽情地游玩了四天。时间虽短,但他却仿佛回到了青春时代。

他们在著名的"虎跑"泉边,兴致十足地品茶,谈天,舀泉水洗头、濯足、嬉闹,并到泉眼的一个小方水池前去掷铜元。当他们累了、渴了,就坐下来喝茶,清香的茶水一杯接着一杯,不知道到底喝了多少杯。

在这次游玩中的一天晚上,他们还去素餐馆"功德林"进晚餐。虽然鲁迅不大喜欢素餐馆,但这一次,心情舒畅的他竟抛开成见,高高兴兴地吃了一餐。而且为了让爱人和朋友高兴,鲁迅也跟着大家一起称赞起了这些素菜。在鲁迅的一生之中,也许只有这一次的称赞他作了"违心之论"。

西湖风景虽然宜人,但鲁迅担心流连忘返于湖光山色,会消磨人的志气,还有那么多的工作要他去做啊!他在杭州只玩了四天,就返回上海了。

在鲁迅战斗的一生中,这次杭州之游是仅有的一次,当然这是许广平的爱情带给他的。

战斗生活

发展成为共产主义者

1927年10月3日，鲁迅和许广平从广州到达上海，最初是在闸北景云里，先是在23号，后又搬到17号和18号，租了房子居住下来。

恰巧，鲁迅和刚由武汉回到上海的茅盾同住一条弄堂，而且是斜对门。于是鲁迅和周建人到茅盾寓所来看他，这是他们最初的会见。

之后，鲁迅和从香港回上海的郭沫若准备合作，复刊《创造周报》，但由于一些原因没有实现。在这时，鲁迅和创造社的郁达夫又进一步建立了亲密的友谊。

鲁迅在上海定居后，与广大的青年以及革命的进步团体，也发生了密切的联系。

1928年初，冯雪峰回到上海。他是因"闹革命"而被东北和老家浙江的国民党反动派通缉，所以来上海暂避。冯雪峰写了一篇《革命与知识阶级》的文章，批评了创造社，肯定了鲁迅，受到了鲁迅的重视。冯雪峰与鲁迅认识后，自此两人无话不谈。两人说话口音不同，但是互相听得顺耳。他们经常彻夜长谈，培养出深厚的革命情谊。

1928年2月，鲁迅担任了从北京转移到上海的《语丝》杂志的主编。同年6月，鲁迅和郁达夫创办了以刊载文学创作和翻译为主的杂志《奔流》。

在鲁迅的直接帮助下,柔石、王方仁、崔吾真等几个青年,在1929年组织了一个介绍苏联、东欧、北欧,以及西方国家进步作家的文学作品和木刻版画等艺术作品的团体朝花社。朝花社对于木刻的介绍,给中国的新兴艺术开辟了一条新的创作途径。此后,新生的艺术团体在各地纷纷成立。

　　在鲁迅的不断关怀和帮助下,中国的青年艺术家们用自己的现实主义的作品,奠立了现代中国革命的艺术,特别是新兴木刻的基础。

　　许广平将要生育,鲁迅在医院守护了她一夜。因为难产,要动手术,医生过来征询鲁迅的意见:"留孩子还是留大人?"

　　"留大人。"鲁迅不假思索地说。

　　结果,两条生命都保存下来了。第二天早晨,鲁迅得知刚出生的婴儿是男孩时,便带着欣慰的口吻说:"原来是男孩,怪不得这样可恶!"

　　许广平让鲁迅给孩子取个名字,鲁迅说:"因为是上海生的,是个婴儿,就叫他海婴。"

　　1930年2月12日,鲁迅、柔石、郁达夫、田汉、夏衍、冯雪峰等人,在上海发起成立了中国自由运动大同盟,简称自由大同盟。中国自由大同盟成立宣言号召要争取言论、出版、结社、集会等自由,反对国民政府统治,指出"不自由毋宁死",并出版机关刊物《自由运动》。

　　1930年3月2日,中国左翼作家联盟在上海宣告成立。鲁迅在成立大会上发表了《对于左翼作家联盟的意见》的演讲,它标志着我国现代文学建设进入了一个新的发展阶段。

参加发起的作家有鲁迅、郭沫若、茅盾、柔石等五十多人，鲁迅被选入由七人组成的常务委员会，成为"左联"的重要领导人。会后，为了把"左联"的文学主张宣传到青年中去，鲁迅马上到各大学演讲。

国民党浙江省党部指导委员兼宣传部长许绍棣，将此事秘密报告国民党中央，经核准以"堕落文人"为名通缉鲁迅。鲁迅得知这个消息后，为避免牵连别人，于1930年3月19日，只身避居在日本友人内山完造开办的内山书店的三层楼上，至4月19日回家。

在这最紧要的关头，鲁迅和中国共产党团结得更加紧密。当时，鲁迅和党中央负责人之一的李立三取得了联系，并有过一次亲切的晤谈。他和年轻的共产党员计划出版"左联"的机关杂志，组织年轻翻译家，介绍了苏联的革命文艺理论和苏联作家的文学作品。

"左联"成立这一年，鲁迅共写了十七篇论文和杂文，作过五次重要演讲，翻译出《十月》《毁灭》等大量的文艺作品和论著。

此外，鲁迅还重新修订出版了《中国小说史略》，与柔石合作编选出版《新俄画选》，又和内山共同筹备，举办版画展览会，展出了自己珍藏的苏联、日本和德国的版画七十多幅。这是中国的第一次版画展览会，对于推动版画艺术的发展，起到了积极的作用。

鲁迅率领一批年轻战士，和黑暗的反动势力进行着不倦的斗争。在尖锐复杂的斗争中，鲁迅从革命民主主义者发展成共产主义者。

1930年5月间,鲁迅由闸北景云里寓居,迁移到离那里不远的北四川路底的一所公寓的房子里。9月间,上海的文艺界的同志们为庆祝鲁迅五十寿辰,同时也为了庆祝革命文学运动新获得的胜利,打算举办一次庆祝会。

由于当时反动派正在通缉鲁迅,所以要为庆祝会租借餐厅是最难解决的事。这时,美国进步女作家史沫特莱勇敢地承担了这项任务,出面租借了一家荷兰西餐厅,作为会场。

9月17日下午,在这家荷兰西餐厅里,举行了一个不大的庆祝会。鲁迅十分高兴地参加了。这是一个秘密集会,大家陆续来到这家菜馆的小花园里。

鲁迅和许广平抱着刚满周岁的爱子海婴,不断地向走进园子里的人致意。他的脸上露出柔和的笑容,眼里闪烁着智慧的光芒。

在集会中,不但有革命作家,还有革命的美术家、演员、新闻记者、教授、学生、红军的代表,以及中国共产党的报纸编辑。会场内热烈的气氛和会场外的紧张空气,形成了鲜明的对比。人们庆祝着鲁迅最可贵的五十年的生活,祝他身体健康,更多地为中国人民的革命事业努力工作。

鲁迅这天的谈话兴致很高,他从自己的青年时代谈到了去日本留学,后弃医从文到最初的文学活动,谈到了世界的进步文学及自己的工作计划等。庆祝会在愉快的气氛中结束。

这一天,史沫特莱还在西餐厅的院子里,给鲁迅照了一张相片,作为庆祝会的纪念。

作为五十寿辰庆祝的余波,9月25日,鲁迅和许广平携海婴去阳春堂照了三张相,在与海婴的合照上题写:"海婴与鲁迅,一岁与五十。"

友好和善的外国朋友

在上海四川北路魏盛里有一家日本人开的书店,叫内山书店。这家书店离鲁迅的住处不远。

有一天,鲁迅来到书店买书。他穿着蓝布长衫,鼻下蓄着浓黑的、犹如隶书的"一"字似的胡子,迈着一种非常有特点的脚步走进书店。

书店老板内山,一看见进来的人是一位个子虽小,却有一种浩然之气的人物,就对他特别注意起来。

鲁迅点上烟,指着挑好的几本书,用流利的日本语说:"请你派人把这些书送到横滨路景云里去,好吗?"

内山立刻就问:"请问尊姓?"

"周树人。"

"啊——你就是鲁迅先生?"内山惊喜地说,"久仰大名了!听说您是从广州刚来到这边的,可是因为不认识,失礼了……"然后内山就和鲁迅热情地谈笑起来。

从交谈中,鲁迅得知内山于1913年来到上海,在"大学眼药"店负责经营业务。1916年初,与美喜子结婚,次年开了内山书店,销售日文书刊。他觉得内山虽是一个日本人,但是他具有进步思想,关心着中国的文化事业。鲁迅很快就对内山产生了好感。

从那以后,鲁迅就经常散步来到内山书店,他和内山的友谊就开始了。内山老板为了方便和鲁迅叙谈,特地在店里腾出一片地方,设了茶座。这种设备在别的书店是没有的,很方便接待朋友,联络感情。

鲁迅当然很乐于利用这一设备,时常去,每次去都一定会座谈。后来他还把这里当成会见朋友的专门地点。

"请放心,不出卖朋友的人,在日本人中也是有的。"内山郑重地对鲁迅说,"我非常景仰先生的战斗业绩,不管环境怎样艰险,我都一定保障先生的安全。"

一席话说得鲁迅非常感动。他早已发觉,不只是内山老板,内山全家以及书店的店员,对自己都是那么的真诚和友好。

以后,鲁迅就不只自己去内山书店,也常常带上许广平,一起去书店里坐坐。

在后来任何险要的情况下,内山始终如一地忠实于他们之间的友谊,并设法维护鲁迅的安全。内山不愧是鲁迅"亲如兄弟"的朋友。

不知不觉中,鲁迅在上海生活三四个月了。

没想到这时,在杭州的青年学生中,却传说鲁迅现在正在杭州,还说他在杭州孤山脚下苏曼殊的墓前题了诗:"我来君寂居,唤醒谁氏魂?飘萍山林迹,待到他年随公去。"

很快,上海的一些朋友,也都来询问鲁迅是怎么回事。

鲁迅感到莫名其妙:怎么会突然冒出来一个"鲁迅"呢?

过了几天,鲁迅接到一位女士从杭州寄来的信,信中问鲁迅:"自从 1 月 10 日杭州孤山离别后,为何长久得不到音信?"

鲁迅把这信给许广平看,许广平也是莫名其妙:"1 月 10 日……咱们不是一起去内山书店座谈了吗?"

鲁迅苦笑着摇摇头,给杭州的朋友写了一封信,托他们去调查一下。

杭州的朋友经过多次打听,果然在离西湖不远的一所小学里,找到一位也名叫"鲁迅"的先生。

"我姓周,名叫鲁迅,我曾在苏曼殊墓前题过诗,我还写过一本名为《呐喊》的小说……"那位"鲁迅"先生指手画脚地说,"但是我对这部小说并不满意,我正准备写另外一本小说《彷徨》……"

几个朋友差点笑出声来,但是他们没有当场揭穿他,打算事后征求一下鲁迅的意见,再作处理。

"以后有什么事,尽管来找我。"那位"鲁迅"先生站起来很热情地送客,一边挥舞着胳膊说,"我是很乐意指导青年的……"

上海的鲁迅听说了这些情况,很是气愤,他一向厌恶不知自己努力,而是冒充名人的人。他当即写了一篇《在上海的鲁迅启事》,刊登在报刊上,并托人告诉杭州教育局,劝阻假鲁迅不要再装下去了。

在内山介绍下,鲁迅结识了另一位日本青年增田涉。这个青年大学毕业后,便立志要翻译鲁迅的作品。所以他来到了上海,很希望能当面请教鲁迅,但是又担心鲁迅不接见他。

"没关系的。"内山对增田涉说,因为他深知鲁迅的性格,

"凡是上进青年,向鲁迅请教,认识与不认识的,有名与无名的,鲁迅先生都一视同仁的。"

于是,增田涉和鲁迅相识了。鲁迅果然愉快地答应了增田涉的请求,决定每天下午,都抽出一些时间,用日语向他讲解《中国小说史略》。

每天,约定的时间一到,鲁迅就放下别的工作,和增田涉并坐在书桌前,逐字逐句地给他仔细讲解自己的作品。增田涉则边听边做笔记。有时时间晚了,鲁迅就留他在家中吃晚饭。

这样一直持续了整整三个月。

后来,《中国小说史略》的日译本,终于在东京出版了,增田涉觉得鲁迅在翻译过程中,付出了艰辛的劳动、诚恳的建议,两人署名合译,但是鲁迅却婉言谢绝了。

有一天,鲁迅到内山书店去,看见内山的弟弟嘉吉正在使用刀具和木板,给嫂子表演版画的刻制法。

鲁迅立刻被吸引住了。他全神贯注地观看着、思考着。当表演暂停时,鲁迅立刻上前,请嘉吉给中国青年讲解版画技术,"对,就像教孩子们一样,从最初的入门开始——"他诚恳地对嘉吉说。

嘉吉被鲁迅的热情感动了,立刻笑着同意了鲁迅的邀请。鲁迅高兴极了,他随后便去和友人商议,通知了那些有志于从事版画艺术的青年。

接着鲁迅筹借了会场,又亲自担任翻译。嘉吉的讲习会开始了,他不顾盛夏的炎热,在蒸笼一样的屋子里,同青年一起学习。每天,他都提前到达会场,提着一包版画的书籍和图片,让青年们传阅,扩大他们的眼界。

当讲习会结束后,鲁迅把自己珍藏的六枚外国珍贵版画送给嘉吉,作为酬谢。

由于鲁迅的热情扶植,新兴的木刻艺术开始茁壮地成长起来,成为革命文艺运动的重要组成部分。

对贫穷者的热心救助

许广平生下海婴后,鲁迅为了专心工作,特意请来一个保姆来照顾孩子。这个保姆叫王阿花,她做事又快又好,经常一边干活,一边唱山歌,把孩子哄得很舒服。

后来,鲁迅在闲谈中得知,她因为受丈夫的虐待,在将要被卖出去时逃了出来。

过了不久,似乎发现前后门有什么风吹草动,阿花失魂落魄地像有魔鬼来抓她一样,不知如何是好,有时直往楼上跑。这情况不止一次发生,而且愈演愈烈。

有一天,阿花突然脸色苍白,像大祸临头似的,急匆匆地跑到鲁迅跟前说:"不好了,那死鬼就在对门,要是把我拉回去,可怎么办?"

鲁迅仔细一看,发现对门厨房里确实有不少人,在那里比画指点着,唧唧喳喳的。原来阿花的丈夫从乡下来到上海,利用各种关系,纠集了一些流氓,想把她捉回去。

鲁迅就站起来走过去对他们说:"有事大家商量,不能动手动脚。"经过了一番较量,才稍稍刹住了他们的势头。

有四五天,阿花在屋内而不敢出去,流氓在外面而不敢进来,形成了相持不下的局面。

当时上海的上虞同乡会,本来就是无赖把持的团体,竟在阿花的丈夫的怂恿下,出面要人,结果又被鲁迅劝退。后来又来了一位乡绅调解,一见面才知道,这位乡绅是北大学生,和鲁迅有过来往。

他知道鲁迅在钱财上是不计较的,就说:"阿花的丈夫,原来是想抢人回去的,但是既然您要留下她,就请您补贴些银钱,好让他另娶一房媳妇。"

鲁迅听了哈哈大笑,不料竟发生这样的误会,当即予以澄清。这时阿花坚决要求离婚,不愿跟丈夫回去。后来经乡绅的调解,又请律师办理,终于在1930年1月9日,由鲁迅代付了一百五十元的赎身费,阿花才算获得了人身自由。

他代付的这笔款项,原来讲好了从工资中扣还的,但是不到两个月,阿花却另有所爱,离开鲁迅走了。

鲁迅解救了被压迫的妇女,虽然自己受了损失,却很高兴。他看到阿花面含欢笑告别,远走高飞,从此不再受人欺侮,他的欢喜不差于被拯救者。

1932年秋的一天中午,"一·二八"战火的硝烟似乎还没有散尽,一家英商汽车公司的售票员急匆匆地往虹口公园赶。这个年轻人叫阿累,他正要赶去接中班。

外面雨下得又细又密,阿累估摸着自己早到了半个钟头。上个星期的夜班,每天都要在车上颠簸十一个小时,他只觉得自己疲倦得像团棉花。为了躲雨,他走进了内山书店。

阿累把帆布袋、夹剪和票板放到地板上,然后去翻书。当他看到鲁迅翻译的《毁灭》时,心里想:这一定是本好书。然后他拿着这本书,对朝他走过来的内山老板问道:"这本书多少钱?"

"一块四。"内山一边殷勤地回答,一边把一杯冒着热气的茶放在阿累身边。

阿累低头看了看自己那一身黄卡其布的工人制服,对这样的礼遇竟有些意外,感到有些窘迫。他赶紧摸了摸口袋,发现自己只有一块多钱了,要知道,这可是今后几天的饭费呢!

阿累踌躇着红了脸,低低地说了一句:"贵了。"

内山扬起眉毛,用手指捻着那灰绿色厚布纹纸的封面,又拍了拍那厚厚的印得十分精致的书,说:"多好的纸,哪里贵呢?"

阿累也舍不得放下书,拿在手里摩挲着。这时,鲁迅走了过来,问道:"你要买这本书?"

"是的。"阿累回答道。

"你买这本吧,这本比那本好。"鲁迅从书架上抽出一本书来,版式纸张与《毁灭》一样,只是更厚一些,封面上印着两个大字:《铁流》。

阿累翻看了一下那本书的定价:一块八。他连忙说道:"先生,我买不起,我的钱不够……"

"一块钱,你有没有?"鲁迅温和地问道。

阿累一听,一下子高兴了起来,说道:"有。"

"我卖给你,两本书,一块钱。"鲁迅平静地说道。阿累吃惊

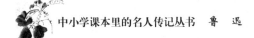

地望着他,突然想起站在他眼前的鲁迅似曾相识。

"哦,您就是……"阿累按捺住自己欢喜得要跳出来的心,没把"鲁迅"说出口。

鲁迅微笑着点点头,说道:"这本《铁流》本来也不想收你钱的,但这是曹先生的书,就收你一块钱的本钱吧! 我那本书,是送给你的。"

阿累从口袋里掏出那块带着体温的银元,放到鲁迅的手上,然后深深地鞠了一躬,把书塞进帆布袋中,扭头走进牛毛细雨里去了。

怜爱孩子的好父亲

小红、小象、小红象,

小象、小红、小象红;

小象、小红、小红象,

小红、小象、小红红。

鲁迅口中依着"平平仄仄平平仄"的诗歌调子反复地念诵着,一只手上抱着小海婴,另一只手拿着个香烟盒铁盖有节奏地敲出"当当"的声响来。而小海婴则睁着一双乌溜溜的黑眼睛瞅着父亲,一边"嘻嘻"地笑着,一边乱挥着小手。

"小红象"是鲁迅和许广平对他们的儿子海婴的爱称。海婴没有满月的时候,虽然请了保姆,但是只让她带孩子到中午12点就让她回房休息了,然后是鲁迅接班,带两个小时,再交给

许广平。鲁迅是个好父亲,他坐在床边唱"小红象"唱久了,他就换一种调子来哄小海婴:

　　吱咕,吱咕,吱咕咕呀!

　　吱咕,吱咕,吱咕咕。

　　吱咕,吱咕,吱咕咕,

　　吱咕,吱咕,吱咕咕。

　　他就这样一遍又一遍地唱着、哄着,直至小海婴倦了,偎在父亲温暖的怀抱里沉入睡乡之中。有时,鲁迅抱着小海婴在房间里来回走着,从门口走到窗口,又从窗口走到门口。困了的时候,他这样走走,就驱走了睡意。

　　白天,鲁迅的工作仍然很辛苦,但他夜里仍会抽出一点时间陪陪孩子。许广平怕他累,就劝他早点休息,他也确实很吃力,毕竟年近半百了。但是鲁迅却不肯,一定要尽当父亲的责任。

　　海婴一天天地长大了,五六岁的时候,更爱缠着父亲了。

　　鲁迅在饭后喜欢吃一点糖果、饼干当作零食。他靠在躺椅上,把零食放在桌角,一边慢慢地吃,一边悠闲地看书,这就是他最好的休息了。但是,他可爱的儿子——海婴往往就在这时钻出来了,这个小家伙毫不客气地抢吃父亲的饼干。鲁迅只是微笑地看着儿子,从不呵责。

　　海婴也从来不怕父亲,吃完东西,他就爬到躺椅上,挤在爸爸身上,轻轻揪父亲的胡子玩。他还喜欢像骑马一样坐在父亲身上,亲昵地伏在爸爸胸前,小嘴里冒着糖果甜甜的香味,也冒出天真的问题来:"爸爸,你是谁生出来的呢?"

　　"是我的爸爸、妈妈生出来的呀！"鲁迅耐心地回答他。

　　"那你的爸爸、妈妈是谁生出来的呢？"

　　"是爸爸、妈妈的爸爸、妈妈生出来的。"

　　小海婴穷追不舍，又问："爸爸、妈妈的爸爸、妈妈，直至好久以前，最早最早的时候，人又是从哪里出来的呢？"

　　鲁迅听了，偏头对许广平笑道："你听啰，问来问去问到物种起源上来啦！"

　　对于儿子的各种提问，鲁迅总是尽量想办法回答："最早最早的动物，都是从单细胞慢慢变来的。"

　　小海婴还是不肯罢休，继续追问："那么，没有单细胞的时候，所有的东西都是从什么地方来的呢？"

　　鲁迅终于没有办法了，这哪里是几句话能说清楚的呢，而且说了，小海婴也听不懂啊。鲁迅拍了拍海婴的小屁股，只好说："这个嘛，等你再大一点，去念书了，先生就会告诉你啦！"

　　当然，小海婴也有顽皮的时候，如果他惹爸爸生气了，鲁迅就会随手抓起一张报纸，卷成个圆筒，举得高高的，脸也板得紧紧的。海婴害怕了，虽然不知道那圆筒打下来疼不疼，但还是赶紧叫了起来："爸爸，我下回不敢了！"

　　儿子这么一叫，鲁迅就心软了，心一软，脸也扳不住了。

　　乖巧的海婴一见父亲的脸色缓和了，知道不会再挨打，便扑上去抢那纸筒，嚷着："里面有什么东西？打人疼不疼？"可是抢到手一看，是空的，回头再看看父亲，鲁迅哈哈大笑起来。

　　"爸爸，我做爸爸不要打儿子的。"海婴很婉转地向鲁迅提出意见。

鲁迅很有趣地问:"如果儿子坏得很,你怎么办呢?"

"好好教他嘛,再买点东西给他吃。"

鲁迅拍拍海婴的小脑袋,说:"我还以为我是最爱儿子的,看来你比我更和善,还会做感化工作呢!"

海婴听得似懂非懂,突然冒出一句:"就是嘛,打孩子,什么爸爸!"说完一溜烟就跑了。

鲁迅一怔,摇摇头笑了。

鲁迅非常爱海婴,从这个活泼的孩子身上,他得到了战斗后精神上的安慰。他给海婴买了许多玩具,在给国内外友人的通信里,一次又一次地报告着这个孩子成长与"顽皮"的信息,特别是与日本友人增田涉的通信中,海婴几乎成了主要的话题,他一点也不掩盖自己的爱子之情。

1932 年,他曾为自己的恋子之情作了诗的辩白:

> 无情未必真豪杰,怜子如何不丈夫。
>
> 知否兴风狂啸者,回眸时看小於菟。

上海当局把 1934 年 4 月 4 日定为"儿童节",但是当时的上海,商店里卖的玩具,多数都是从外国进口的洋玩具。

这一天,在玩具店里,鲁迅带着海婴,从琳琅满目的货架上挑选出一件苏北人制造的玩具。这是用两个长短不一的竹筒做成的土机关枪,它装有弹簧和把手,摇起来就"格格"地响。

买下玩具后,鲁迅和海婴便一边走,一边摇。路上的外国人看见了,都向他们投来讥笑的目光。

但是鲁迅却毫无愧色,他心里想:土玩具再土,再简陋,也是我们中国人自己制造的,是我们儿童世界里的一个创造!

过了不久，鲁迅便把自己的这些感受，写成题为《玩具》的杂文，热情赞扬苏北人，他们以坚强的自信和质朴的才能，敢于和洋玩具竞争，称他们发明的机关枪，是一种不平凡的创作。

机智而幽默的精彩演讲

1930 年春天的一个晚上，上海中华艺术大学的楼上楼下，甚至楼梯和窗口上都挤满了人，他们正在等待鲁迅先生的到来。大家的热情驱走了春寒。

鲁迅穿着青灰色长袍，在热烈的掌声中走上讲台，用粉笔在黑板上幽默地写了三个字"题未定"，转过身来声明道："我今晚想和大家随便谈谈有关美与不美、真艺术和假艺术的区别。"

说完，他把随身带来的两幅画并排挂在黑板上。一张是法国画家米勒的《拾穗者》，另一张是英美烟草公司的商业广告月份牌。

鲁迅用手指着《拾穗者》说："这一张画单纯、朴素，只是画了田野上农妇弯着腰在拾稻穗，也没有用什么精细的工笔描绘，但是由于它深刻动人，反映了真实的农民生活，所以它是真正的艺术品。"

"这一幅呢，"鲁迅的手指向月份牌，故意端详了一番，说道，"这画的是上海的时髦女郎，看上去很精细，一根根的头发丝都画得一清二楚，可是画上虽然是个美人，却没有真正的美那种动人的力量。为什么呢？因为它其实一点也不美，只是一个俗气的商业广告,诱惑大家去买他们的香烟,它就不是一件艺术品。"

学生们听后笑了起来,鲁迅脸上却没有一丝笑容。他告诫青年艺术工作者要反映现实生活,激发人们向上的思想感情。

鲁迅在上海期间,经常应邀到各大学去演讲,用"真话"唤醒青年,唤起民众,同恶势力作斗争。

左翼作家联盟成立后不久,作家郑伯奇通知中国公学分院的代表去邀请鲁迅演讲。鲁迅正独坐在书房中,脸色苍白。"唉,我病了几天了,"鲁迅声调迟缓地说道,"几个夜里睡不着,牙齿都落掉了。"他随手拿过一枚掉下来的牙齿向他们晃了晃,接着说,"恐怕我是去不成了。"

"可是先生,我们是为了扩大'左联'的文学主张,第一次搞活动呐,第一次搞不起来,以后就难了。"代表有些着急了。鲁迅想了想,终于还是抱病同去了。

郑伯奇先唱"开锣戏"。他没有演讲的经验,讲了一刻钟,眼见听众一个个地走掉,心里直发慌,只好草草结束,赶紧请鲁迅先生上台。

鲁迅的声音低沉而舒缓,就像是和亲朋好友在谈家常一样。他谈起盛产绍兴酒的故乡,谈到故乡结婚的习俗,他说:"有人说'美是绝对的',这在我的家乡就行不通。我们那里讨媳妇,就不要那种杏脸柳腰的美人,拿不动锄头,做不了粗活,有什么用呢?"

听众中许多人笑起来,鲁迅没有笑,继续说道:"农民们要的是腰臀圆壮、脸色红润的健康妇女做妻子,在他的眼里,这样的女子才美。所以,我想你们都看过《红楼梦》的,林黛玉是个美人儿了,但是在贾府里当了一辈子家奴的焦大,却不会去爱林妹妹的。"

鲁迅的话虽然朴实,但是时时闪动着机智和幽默,引起热烈的掌声和笑声。原只剩下寥寥百十个人的大礼堂又挤得水泄不通了,连窗户上也爬满了夹着书本的学生。那一张张年轻的脸上都焕发着憧憬的神采。

面对刀光剑影毫不畏惧

1931年1月17日,柔石、李伟森、胡也频、殷夫、冯铿五位左翼青年作家在上海被捕。2月7日夜,这五个人连同其他十多个革命者,在国民党政府的龙华警备司令部被杀害了!

鲁迅不得不离开自己的寓所,到附近的黄陆路花园庄暂避。反动派造谣说鲁迅被捕了。这使得痛恨鲁迅的人十分快意,使得热爱鲁迅的人十分担心,不断有人来信、发电报询问。

鲁迅深深感到自己失掉了年轻的战友,中国失掉了英勇的青年战士,在悲愤中,他提笔写下了沉痛的诗句:

惯于长夜过春时,挈妇将雏鬓有丝。

梦里依稀慈母泪,城头变幻大王旗。

忍看朋辈成新鬼,怒向刀丛觅小诗。

吟罢低眉无写处,月光如水照缁衣。

革命作家被暗中杀害了,而当时的报纸上却不准透露一点消息。"左联"为了纪念牺牲的同志,在极端秘密的条件下,出版了《前哨》第一期《纪念战死者专号》。

鲁迅在这刊物上发表了一篇题为《中国无产阶级革命文学和前驱的血》的杂文,对于国民党刽子手提出了强烈的抗议。鲁迅写道:

> 中国的无产阶级革命文学在今天和明天之交发生,在诬蔑和压迫之中滋长,终于在最黑暗里,用我们的同志的鲜血写下了第一篇文章。
>
> ……
>
> 我们现在以十分的哀悼和铭记,纪念我们的战死者,也就是要牢记中国无产阶级革命文学的历史的第一页,是同志的鲜血所记录,永远在显示敌人的卑劣的凶暴和启示我们的不断的斗争。

此外,鲁迅还写了一篇《黑暗中国的文艺界现状》,委托当时在中国的国际友人、著名的美国进步记者史沫特莱女士译成英文,寄到美国的进步刊物《新群众》上发表,向全世界广大人士,揭露国民党反动政府黑暗的血腥统治和屠杀革命作家的暴行。

这篇文章在当年6月美国的《新群众》杂志上发表后,许多外国作家发来电报,抗议国民党的法西斯暴行。鲁迅的控诉得到了强烈的回应。

1931年9月18日,日本侵略者进攻沈阳,东北三省相继沦陷,民族危机日益严重。鲁迅撰写许多杂文,尖锐揭露帝国主义的侵略罪行和国民党的反动政策。为了使宣传深入群众,鲁迅还主编时事和文艺的普及性小型报刊《十字街头》。

日本占领东北以后,国民党反动政权依赖美国,宣传美国是如何地主持"公道"。鲁迅先生为揭穿这一骗局,说了个小故事:

> 我们乡下有个阔佬,许多人都想攀附他,甚至以和他谈过话为荣。一天,一个要饭的奔走告人,说是阔佬和他讲了话了,许多人围住他,追问究竟。他说:"我站在门口,阔佬出来啦,他对我说:滚出去!"

> (唐弢《琐忆》)

听故事的人哈哈大笑。国民党对美国主子摇尾乞怜的丑态被揭露无遗。

1932年1月28日,日本帝国主义的炮火又在上海响起来了,鲁迅的寓所正处于炮火之中。于是全家搬到内山书店暂避,战事稍平息则立即返回寓所。

鲁迅和茅盾、胡愈之等四十三人,联名发表《上海文化界告世界书》,抗议日本帝国主义侵略上海,反对中国政府对日妥协。

这一年,鲁迅还写了《我们不再受骗了》《祝中俄文字之交》等杂文,驳斥帝国主义者的谰言,捍卫社会主义的旗帜,希望中苏两国人民和作家在反对帝国主义的战线上"亲密地携手"。这些文章表明,鲁迅深厚的爱国主义情怀是和伟大的国际主义精神相结合的。

三个月后,上海停战了。可战争刚停,人心不稳。鲁迅却镇定自若,始终不放松工作和战斗。他利用4月下旬的一周时间,编写了到上海四年的杂文,一部为《三闲集》,另一部为《二心集》，并写了两篇重要的序文。

1933年1月，鲁迅参加宋庆龄、蔡元培主持的中国民权保障同盟，被推举为执行委员。鲁迅此时已公开处于与国民党短兵相接的境地。

宋庆龄在《追忆鲁迅先生》一文中就赞扬鲁迅：

> 中国民权保障同盟每次开会时，鲁迅和蔡元培二位都按时到会。鲁迅、蔡元培和我们一起热烈讨论如何反对白色恐怖，以及如何营救被关押的政治犯和被捕的革命学生们，并为他们提供法律的辩护及其他援助。

5月13日，鲁迅亲至德国领事馆投递反抗"法西斯帝"暴行的抗议书。

中国民权保障同盟自成立以来，积极开展各种活动，鲁迅更是在文化思想战线上密切配合，写了大量的文章抨击国民党法西斯专政的罪恶，因而在国内引起了强烈反响。

蒋介石集团中有大多数官员具有留学西洋的背景，但他们一旦在中国的土地上执政，就不能理解符合世界潮流的社会民主活动，对中国民权保障同盟的活动自然不能容忍。他们要对鲁迅、蔡元培或宋庆龄下毒手，顾忌尚多，于是就先对杨杏佛下了毒手。

1933年6月18日，星期日休假，杨杏佛带儿子于清晨外出，刚从亚尔培路331号登车启动，突闻爆炸声数响，震耳欲聋，杨杏佛自知不免，立刻用身体掩护同座的儿子。特务们连发数弹，结果，儿子幸免于难，司机受到枪伤，而杨杏佛心腰各中一弹，不治而亡。

惨案发生的当天，鲁迅在内山书店听到消息，立刻赶上汽车，飞奔到民权保障同盟本部。许广平知道了，忐忑不安，在书店里等候着他。当鲁迅归来时，许广平向他诉说刚才的忧思和焦虑。

鲁迅却不以为然地说："管他呢！就是被杀死了，也打什么紧呢？"鲁迅对杨杏佛临难时，如此从容，爱护儿子，一直深表赞叹。

鲁迅对来看望他的冯雪峰说，可见杨杏佛"当时是清醒的，首先掩护了自己的孩子"，"有后代，就是有将来！能够如此，也是不容易的"。

6月20日，是杨杏佛入殓的日子。反动派放出风声，说就在这一天暗杀鲁迅和同盟中其他几位。杀人的名单上就连特务的代号都传出来了，将要暗杀鲁迅的特务小组代号"后林"，与杀杨杏佛的是同一个小组。

在大是大非面前，鲁迅毫不犹豫地作出了决断。许寿裳来家，鲁迅对他说实在应该去送殓的，许寿裳想了想便表示同去。鲁迅果敢地前往万国殡仪馆送殓，并且出门不带钥匙，以示他视死如归、蔑视卑鄙者的英勇气概。

晚上回来，鲁迅写了一首悼念民主烈士杨杏佛的短诗：

　　岂有豪情似旧时，花开花落两由之。

　　何期泪洒江南雨，又为斯民哭健儿。

过了不几天，有一个日本人向鲁迅探问杨杏佛是不是共产党员，如果不是，则杨杏佛和共产党的关系又如何。

鲁迅毫不客气地回答："杨杏佛不但是共产党员而已，他还是国民党的人呢! 可见今天国民党当局,只要是爱国者就是共产党,就都要加以消灭,是确实忠于帝国主义的,你们日本大可以放心! ”

1933 年 9 月,世界反对帝国主义战争委员会在上海秘密召开远东反战会议,鲁迅支持和协助这次会议,被选为名誉主席团成员。这一年的上半年,鲁迅还用何家干的笔名,在《申报》的《自由谈》上发表抨击时政的杂文。但压迫紧跟着到来,鲁迅不得不适当改换内容,形式有时隐晦、曲折,而且用种种笔名,跟敌人周旋,继续有力地剖析许多社会恶习。

1933 年,鲁迅的杂文分别编入《南腔北调集》《伪自由书》和《准风月谈》。《南腔北调集》包括 1932 年的作品,同时还出版他和许广平的通信集《两地书》。

在生命中的最后几年里,鲁迅除了参加各种政治活动,并领导“左联”外,还用杂文这种武器,集中火力打击了国际帝国主义者——国联调查团,揭穿了国民党所谓“友邦人士”,原是与日本一伙的强盗。打击了日本帝国主义者和它的汉奸走狗,其中包括坚持屠杀中国人民、对日寇侵略采取不抵抗政策、主张“攘外必先安内”的国民党反动派;叫中国人民不要反对日寇而去反对苏联的“民族主义文学家”,揭穿了国际帝国主义者诬蔑苏联,进攻苏联的阴谋。教育中国人民要分清敌友,打倒进攻苏联的恶鬼。

鲁迅在黑暗与暴力的进击中,坚韧顽强地战斗着,呼啸着前进,而他那无产阶级的英雄性格也锻炼得更加坚强了。

不惧威胁的铮铮傲骨

自从鲁迅来到上海后,白色恐怖时时威胁着鲁迅的安全。鲁迅的学生和朋友常有被逮捕或者暗杀的。

鲁迅每次和许广平出门的时候,他都让许广平不要和他靠得太近。因为离得远些,万一特务突然下杀手,许广平还能安然脱险,不至于受到牵连。

可是许广平怎么肯呢?所以两个人吵起嘴来。鲁迅有时很生气地对许广平说:"为什么要同时牺牲两个人呢?你懂不懂?"

许广平却不声不响,就是不离开他,鲁迅一点办法也没有,只好生闷气。

1932年的一个冬日,郁达夫的哥哥郁华来到上海,郁达夫在聚丰园为他接风,请了鲁迅和诗人柳亚子夫妇作陪。

"你这几天辛苦了吧?"鲁迅一到,郁达夫便笑着向他打招呼。

鲁迅一边入座,一边微笑着回答:"我可以用昨天想到的两句联语来回答你,就是:横眉冷对千夫指,俯首甘为孺子牛。"

"噢?看来你的'华盖运'还没有脱啊?"郁达夫开起了玩笑。

鲁迅向郁华和柳亚子夫妇打过招呼后,又回头接过郁达夫的话茬说道:"我平生没有学过算命,不过听老辈人说,人有时是要交'华盖运'的。我要是和尚倒好了,顶上有华盖,总该是成佛作祖的先兆啰。"

鲁迅自嘲地一笑，接过郁达夫递过来的香烟，向他点点头说，"可我又不过是个俗人，华盖在上，就要给罩住了，只好碰钉子。"

大家听完鲁迅的话，全都哈哈笑了。等他们笑完了，鲁迅接着很认真地说："给达夫这么一说，我倒又得了半联，可以凑成一首小诗了。"

说完，鲁迅立即凝眸沉思起来。

柳亚子十分喜爱鲁迅吟出的那一联诗，便说："听说豫才兄的字是极好的，不知能否送我一幅，让我也一饱眼福？"

鲁迅很爽快地答应下来。过了几天，鲁迅拟了一首《自嘲》诗，在一幅宣纸上挥洒起来，这是他打算送给柳亚子的。诗说：

> 运交华盖欲何求，未敢翻身已碰头。
>
> 破帽遮颜过闹市，漏船载酒泛中流。
>
> 横眉冷对千夫指，俯首甘为孺子牛。
>
> 躲进小楼成一统，管他冬夏与春秋。

写好后，鲁迅正端详着未干的墨迹，内山推门走了进来，立刻被桌上的条幅吸引住了，情不自禁地赞道："好潇洒的书法！"

鲁迅便用日语向他解释这首诗的意思，特别着重讲了第五六句诗："我们中国有句古话，叫'千夫所指，无病而死'。现在我这一支笔也是触到了许多小丑们的痛楚，于是他们把诬蔑、诽谤、造谣、迫害什么手段都用上了！"

鲁迅说着突然愤怒地拍案而起，在室内一边踱步一边接着说："我是不怕的，照旧在我的小楼里写些令他们不舒服的文字，管他外面的气候怎么样。"

鲁迅说到这里，一股悲愤涌上心头，想到在高压政治下,这"破帽遮颜""漏船载酒"的生活,想到颠沛流离的避难经历,他流下了热泪。

　　坚强的鲁迅不愿被内山看到泪水,便转过身去,谁知却听到身后传来一声压抑的呜咽。他不由回头一看,内山已经是泪流满面。

　　许广平不知什么时候也来了。她默默地倚在门框上,看着、听着,悄悄地用手绢拭去涌出的泪水。

　　1936年春的一天,正在书店忙着的内山听到鲁迅的高声呼唤,赶紧迎出来,搀着鲁迅走进书店,让他坐在沙发上。

　　内山问道:"先生今年身体一直不好,该在家里好好养着啊!"

　　鲁迅摇摇头,请内山也坐下,说:"今天的精神很好,所以试着出来走一走。"

　　内山一听,为鲁迅的病有了起色而高兴,站起来替鲁迅泡了一杯茶。

　　鲁迅笑嘻嘻地看着他忙,说:"我今天收到一封南京的来信,信纸上印着政府军事委员会,我真是不胜荣幸啊!"

　　内山一听,却心中一惊,赶忙问:"写的什么呢?"

　　"喏,来跟我讨价还价,让我放下笔,离开上海,让他们舒服一点。交换条件呢,是解除对我的通缉令。"

　　"噢!有这样的事,先生回信了吗?"

　　鲁迅眨了一下眼睛,脸上现出讽刺的笑容来:"闲来无事,我就写了一封信答复他们。我说很感谢他们的恳求。我说我的余命已经不长,所以,至少通缉令这东西就仍旧随他去吧!"

鲁迅忍不住看着内山笑起来,笑中甚至有一丝孩子般的顽皮。内山也受到感染,微笑着,但是心中却抽痛了一下。

对于奴颜和媚骨,鲁迅则一直非常憎恨。

一天,曹聚仁先生请几个朋友吃饭,同席的有鲁迅、林语堂、陈望道等人。林语堂也是个作家,和鲁迅交往很久了,彼此也算比较熟悉。

这天大家的兴致都很好,一边喝酒一边聊天,气氛也相当融洽。林语堂咽下一口油汪汪的大虾,用餐巾抹了一下嘴角,很得意地开了腔:"有一次我到香港去,正碰上几个广东人讲着广东话,他们像讲国语似的,讲得很起劲。我心里很生气,因为我一句也听不懂啊!于是,我就急了,我就赶紧想了一个办法,就同他们讲起了英语,哈哈,没想到他们根本听不懂英语,他们一下子就傻了,哈哈……"

林语堂正说得乐不可支的时候,突然听到"嘭嘭"两声巨响,原来是鲁迅重重地拍了两下桌子,只听得鲁迅气呼呼地说:"你算什么东西!"

林语堂一怔,一时不知所措。

鲁迅直指林语堂,极不客气地数落道:"你是哪国人呢?你这样做有何居心呢?是想借外国话来压我们自己的同胞吗?哼!我劝你不要一副'西崽相'!"

同席的人也对林语堂很不以为然,但是大家从没看过鲁迅发这么大的火。这是因为有极强的民族自尊心啊!

林语堂的脸涨得通红通红,羞愧得不敢再抬头看大家。

义无反顾地保护革命者

1931 年至 1934 年 1 月初,鲁迅和瞿秋白在交往中建立了深厚的友谊,他们共同研究和领导"左联"的工作,积极提倡文艺大众化运动,在反对"自由人"和"第三种人"的斗争中,互相配合和应援。

鲁迅和瞿秋白还一道构思,由瞿秋白执笔写了十多篇杂文,用鲁迅常用的笔名发表。瞿秋白高度评价鲁迅的战斗业绩和杂文,编了一本杂文选集,并撰写《〈鲁迅杂感选集〉序言》,总结鲁迅思想发展的历程和他的杂文的战斗意义。

在与鲁迅共同战斗的日子里,瞿秋白曾三次到鲁迅家避难。

1932 年冬,顾顺章被捕叛变,上海党的"特科"在周恩来的领导下,与敌人展开了尖锐复杂的斗争。面对敌人的疯狂搜捕和盯梢,党的领导同志随时都有被捕的危险。

1932 年 11 月 1 日,党的"特科"联络员,以秘密的联系方式,向瞿秋白发出"警报":"有危险,速转移!"

瞿秋白接到"警报"后,并未慌乱。他旋即将文稿和党的一些重要文件装到一只小提箱里,然后与夫人杨之华商量,决定到鲁迅家去避一避!

时间紧迫,瞿秋白与杨之华分头出走,约好在鲁迅家会面。

瞿秋白离家后,兜了几个圈子,见无特务盯梢,便急速来到四川北路拉摩斯公寓鲁迅家。

鲁迅夫人许广平开门,一见瞿秋白匆匆造访,必有情况,便机警地让他进屋。

瞿秋白在鲁迅家坐稳后,许广平告诉他,鲁迅到北平探望母病去了,很快即归,又说:"你们来,我会安排好的。"然后问杨之华为何没有一起来。

瞿秋白回答说叛徒认得杨之华,为防不测只好分别走。许广平热情地煮了咖啡等待杨之华到来。但等了许久仍不见到来,便焦虑起来。瞿秋白安慰她说:"放心吧,之华与敌人周旋是有经验的。"

然而,当鲁迅由北平返沪后,仍不见杨之华到来,便派人去找,这才在街上相遇,方知杨之华发现有人盯梢后,唯恐把"尾巴"带到鲁迅家,只得消磨兜转。直至夜幕降临,"尾巴"终被甩掉了,才去鲁迅家。

两家人总算顺利地聚到了一起,鲁迅非常地高兴。

瞿秋白与鲁迅精诚相见,开怀畅谈。他们倾心交谈,从文化界复杂斗争的形势到国民党反动派的"两个围剿";从帝国主义的侵略野心,到"九一八事变";从蒋介石的不抵抗主义,到中华国土的不断沦丧等,两人观点不谋而合,分外投机。

鲁迅对瞿秋白的生活非常关心,特意将自己的书房兼卧室腾出来,让秋白夫妇居住。

瞿秋白特别喜爱鲁迅的儿子小海婴,托人到一家大公司买了一盒价格昂贵的高级玩具,送给三岁的海婴。这玩具是一种"舶来品",用铁料制成,可变换组成各种造型,鲁迅称之为"积铁成象"。

瞿秋白在盒盖上详尽地写明了众多零件的名称,共多少种,多少件,写得非常用心。

鲁迅知道秋白夫妇收入微薄,为此深感不安,而瞿秋白意味深长地说:"做个纪念吧!日后孩子大起来,也知道世界上有个何叔叔。""何"是瞿秋白的化姓。

鲁迅深受感动,遂在日记中写道:"下午维宁及其夫人赠海婴积铁成象玩具一盒。"维宁系秋白笔名魏凝的谐音。

1932年12月底,新年将近,党组织考虑到鲁迅一家的安全,便派了陈云到鲁迅家把瞿秋白夫妇接了出去。

1933年初,日寇进犯山海关,平津危机。蒋介石非但不抵抗,反而加紧对中央苏区进行围剿,同时在上海大肆搜捕中共领导人。

2月上旬的一天,党的上海临时中央局接到秘密情报:是晚国民党特务要在紫霞路一带破坏一处机关,经分析,瞿秋白夫妇住处首当其冲。值此紧要关头,党派中央局组织部长黄文容,即黄玠然,通知瞿秋白夫妇迅速转移。

傍晚,黄文容来到紫霞路,商量去处时,瞿秋白想了想,说:"我知道有一个地方可以去……"瞿秋白随后便说出了去鲁迅家。于是,他们在天黑时分便雇了黄包车,来到四川北路鲁迅寓所。

瞿秋白与鲁迅一见面,就像久别重逢,马上畅谈起来。

重返鲁迅家,瞿秋白深感时日的珍贵,于是投入了紧张的工作。关于当前斗争的情状,关于"左联"的工作,关于文坛舆论动向与诸般文人的分野等,瞿秋白有许多新颖独到的见解需要写出来发表。他先打好腹稿,再征求鲁迅的意见,进行修润补充或变换素材,然后完稿。因此,不少文章实系这一对战友的联袂杰作。

瞿秋白写作速度惊人。鲁迅家每日午饭后至15时为休息时间。这时秋白便关了房门,静静地伏案而写。等午睡起床,他便拿着刚刚写就的杂文一两篇请鲁迅过目。

瞿秋白工作往往废寝忘食,但由于劳累过度,经常咯血。鲁迅劝他注意休息,他总是笑而作答:"老毛病了,不必担虑。"瞿秋白在病中,编译完成了《现实马克思主义论文集》一书。

1933年2月16日,英国戏剧家萧伯纳访问中国,先到上海。宋庆龄热情接待了他,并由蔡元培、鲁迅等作陪,在福开森路世界学院特意组织了由上海各界名流参加的欢迎会,请萧伯纳作了讲演与答记者问,轰动了上海舆论界。

鲁迅觉得很有必要编一本关于萧伯纳在上海的书,便与瞿秋白商议,瞿秋白欣然同意,于是他们投入了紧张的合作。由许广平与杨之华负责搜集和剪贴资料,鲁迅与秋白分别写了《序言》和《引言》。

鲁迅称这本书"是重要的文献",瞿秋白称赞萧伯纳是"为光明而奋斗的、世界和中国的被压迫民众的忠实朋友"。《萧伯纳在上海》一书编好后,鲁迅与瞿秋白共同用一个笔名"乐雯"署名,并交野草书屋于是年3月出版。这本书是鲁迅和瞿秋白战斗友谊的见证。

1933年6月,时任上海临时中央局宣传部通讯社社长的冯雪峰,调往江苏省委宣传部工作。中央局决定让瞿秋白到通讯社,主要负责审核专稿与文件,并为党报撰写文章。

为了工作上的方便,瞿秋白住在冯雪峰处,是在王家沙鸣玉坊花店的楼上。江苏省委机关也设于此处。历经月余,时至7月8日前后的一天夜晚,冯雪峰获悉紧急"警报":"省委机关被敌人发现,牵连到他们的住所,必须尽快转移。"

于是,瞿秋白与杨之华匆匆收拾行李,各乘一辆黄包车,半小时之内来到鲁迅家。当夜冯雪峰放心不下,赶至大陆新村探视,见瞿秋白与鲁迅正在倾心交谈,方才释念。后因工作需要,中央决定仍由黄文容护送瞿秋白夫妇往成都南路高文华家住下。高文华是临时中央机关内部交通主任,其家为党的领导同志阅读文件之处。

在8月底9月初的一个深夜,"警报"传来:高文华家进入特务搜索之列,岌岌可危;瞿秋白夫妇必须当夜撤离。这一次,他们商定,仍到鲁迅家。当时已经是凌晨2点左右,夜深人静,他们各叫了一辆黄包车。为了防止路途中有人盘问,高文华还将睡梦中的女儿叫醒,陪杨之华同行。

为了防引人注意,瞿秋白夫妇事先约定分别由鲁迅家的前门和后门进入。

急促的敲门声,将鲁迅与许广平惊醒。先后两次敲门声,惊动了东邻日本人和西邻白俄巡捕。他们打开窗子张望,见外边平安无事,才再次睡下。

鲁迅与许广平对待瞿秋白夫妇一如既往,热情接待,并为秋白夫妻准备了夜餐。待一切做完之后,天已蒙蒙亮了。鲁迅与瞿秋白新一天的战斗生活又开始了。

1935年,当瞿秋白在福建长汀被反动派杀害时,鲁迅十分悲痛。后来,还在病中的鲁迅整理出版瞿秋白的译著《海上述林》,表现了最可珍贵的革命情谊。

为战斗拒绝到国外疗养

在黑暗与暴力的进击中,鲁迅坚韧顽强地战斗着。此外,他还编印刊物,给青年校文稿,翻译介绍苏联文学,提倡大众语、大众艺术,这些都是在反动派的迫害下进行的。再加他日常接近的革命志士的失踪和死亡,这自然侵蚀着他的身心健康。

鲁迅本患有肺病,到1934年12月14日夜病发,感觉脊肉作痛、盗汗。鲁迅的朋友就劝他设法异地疗养,但是他不愿离开多难的祖国。

鲁迅在给李秉中的信中说:

> 时亦有意,去此危邦,而眷念旧乡,仍不能绝裾径去,野人怀土,小草恋山,亦可哀也!

当时的苏联无产阶级作家高尔基也曾邀请鲁迅作为私人宾客去苏联住两年,但鲁迅考虑种种原因,也不愿意去。1935年秋,苏大使馆邀请鲁迅去苏联观光,他的中外朋友都希望他去,但结果仍是没有去。

1935年下半年开始,鲁迅的健康情况越来越糟糕了。许多亲朋好友都劝他住院,或者到外地疗养。但是为了战斗,鲁迅仍是忘我地工作,没有考虑自己的身体。

"赶快工作,赶快工作!"他不断地用这句话来鞭策自己,来发挥自己生命的最大效用。

许广平在《欣慰的纪念》中说:

> 第一,他以为那时正在迫压最严重,许多敢说敢行的人,都先后消沉,消灭,或者不能公开做他们应做的工作,自己这时还有一支笔可用,不能洁身远去。

> 第二,他自己检讨,对社会人类的贡献,还不值得要友邦如此优待,万一回来之后仍是和未出国前一样的做不出什么,是很对不起的,一定要做出什么来呢;环境是否可能也难说。

> 第三,照他自己耿介的脾气,旅费之类是自己出最好,自己既然没有这能力,就是给一般造谣者的机会,不是并不一动,就已经说他拿卢布吗?

年底,鲁迅的身体更不好了,常有低烧,也容易疲劳,但是他还是做了许多工作,写了不少文章和书信。

1936年元旦过后,鲁迅的肩和肋开始痛得厉害。

"赶快工作。"他还是不断地激励着自己。疼痛在他忘我的工作中,似乎真的有所减轻了。

3月初,他到一个冷房子里去找书,一不小心,受寒患了气喘,病情更加严重了。家里人为他请了当时很著名的须藤医生,进行诊治,但是病情时好时坏。

到了5月,他的病仍不见好转,并且不断发烧。这引起了朋友们的担忧。

史沫特莱多次来看他,请他另外请医生治疗。但是鲁迅不承认自己病情严重,仍认为只是疲劳的结果。

后来,经过几个亲友的商量,瞒着他,由史沫特莱请来了美国的邓医生——当时上海唯一的欧洲肺病专家。

鲁迅和史沫特莱有很深的友谊,看她这样关心自己当然是很感激的,他无奈地皱皱眉说:"真的谢谢你的关心,我知道你是好意,你实在太重感情了。你们外国人对于生命,倒比中国人看得重啊……"所以同意了邓医生的检查。

经过诊断,邓医生感叹地说:"你真是个最能抵抗疾病的典型中国人!倘若是欧洲人,早在五年前就已经死掉了……"医生这样说了,无疑是宣告了鲁迅即将死亡的消息。

得到这个诊断结果,鲁迅周围的亲人和朋友不禁落泪了,但是鲁迅却依然从容对待。

看到大家的伤感,他乐观地对大家说:"医生再高明,也一定没有学过给'死了五年'的病人开药方的办法。"很显然,他已经决定不再接受邓医生的任何治疗了。

之后,鲁迅常常拿这句话来和朋友们开玩笑:"你们知道的,我其实五年前就已经死掉了!所以,我还得赶快工作,才能对得起死去的我啊!"他相信自己的身体,对于疾病有很强的抵抗力。因为他在精神上从来不曾向疾病屈服。

不久,苏联朋友通过中国共产党的关系,邀请鲁迅去莫斯科疗养。

"我已经活了五十多岁了,人总是要死的,况且我的病也没那么危险。"他说,"我不怕敌人,敌人怕我。我一天不死,就可以拿起笔杆子战斗一天——而我离开上海去莫斯科，只会使敌人高兴，所以，你要我怎么能够离开呢。"

尽管已经疾病缠身，但是他从不把这病放在心上。他的脑子里只有"赶快工作"的念头。

"反正身体已经这样了，与其不工作而多活几年，倒不如赶快工作，少活几年的好……"鲁迅时常这样想。这念头催促着他，鼓励着他。他只要不病倒，能够坐起来，就不愿意闲着，而是想得很多，做得很多。

鲁迅拖着病体，印外国版画，筹划杂志的复刊，翻译《死魂灵》的第二部，编校朋友托付的《海上述林》的稿件。他还计划着要为自己编三十年作品集，撰写"中国文学史"，还考虑要创作一部早就有构思的长篇小说，反映中国四代知识分子的生活经历，他想做的事太多太多了……

然而，最主要的原因是，鲁迅以为中国需要他，他不能走，没有人应该逃避，必须有人出来坚持战斗。

夜深人静，鲁迅仍坚持在灯下写文章。他一阵阵接连不断地咳嗽，可是心中装的只有人民的事业，唯独没有考虑到自己。

鲁迅曾对冯雪峰说：觉得那么躺着的日子，是会无聊得使自己不像活着的。如真不工作而多活几年，倒不如赶快工作少活几年的好。因此，和他谈到工作计划时使他的精神振奋，谈到养病计划时就使他不快。果然，鲁迅晚年在战斗生活中特别放光辉的日子到来了。

悉心呵护培养文艺新苗

1935年，在平津危急、华北危急之际，鲁迅日益关注形势的发展和文化思想的动向，他著文批判日蒋共同鼓吹"尊孔复古""中日亲善"的谬论。

当北平学生爆发爱国的"一二·九运动"时，鲁迅热情赞扬人民群众对爱国运动的支持，肯定地说："石在，火种是不会绝的。"

鲁迅、宋庆龄等爱国知名人士，撰文赞扬爱国学生的英勇奋斗精神，捐款支持学生抗日救国运动。

鲁迅还冒着极大风险，保存了重要的方志敏在狱中写给党中央的信和一些文稿，并妥善地转送给党中央。

1935年8月6日，红十军团军政委员会主席方志敏被国民党当局杀害于江西南昌。7月，蒋介石曾到南昌行营北营坊看守所，命人打开方志敏脚镣，对方劝降，末了怒气冲冲而去。

事后，方志敏对人说："我只回了一句话：你快下命令吧！"几天后，方志敏说服同狱胡逸民，待其出狱，将自己的一卷书稿转交鲁迅先生，请鲁迅转交党中央。

一天夜里，鲁迅意外收到一包东西。他按照送东西人的提示，先把那张右上角有墨点的十行字拿出来，用碘酒加水冲洗。很快字迹便显现出来了。

鲁迅仔细地看下去，他的心突然紧紧收缩，当"方志敏"的名字映入眼帘时,他的双眼模糊了。

鲁迅深情地凝视着,胸中卷起了汹涌的思潮:方志敏,这位威震海内的红军将领,在千里之外,牺牲之前,竟想到自己这样一个素不相识的人,并把比生命还重要的密件托付给自己。这是何等坚定的信任啊!

鲁迅怀着庄严而痛惜的心情,翻阅这三张空白的纸,那是一个忠贞的共产党员,写给党中央的密信。他又翻阅着包里的两本文稿:《可爱的中国》和《清贫》,这里面跳动着一颗赤诚的心,闪烁着崇高的革命理想。

鲁迅被深深地感动着,他小心地包好了这包珍贵的东西。在白色恐怖十分严峻的日子里,鲁迅烧了不少信件,但是却冒着生命的危险,把方志敏的革命文物保存了下来。

事后,鲁迅终于通过稳妥的关系,把方志敏托人送来的东西,转送给党中央。

此外,针对文化界剧烈分化、是非混淆的现象,鲁迅不仅支持正面力量,而且还热心培养叶紫、萧红、萧军、巴金等文艺新苗,鞭挞歪风邪气。他写了八节《"题未定"草》和七论《文人相轻》,使大家辨是非之界,明取舍之道,体现了鲁迅鲜明而强烈的爱憎感情。

1934 年 8 月 5 日,鲁迅在日记中写道:"生活书店招饮于觉林,与保宗同去,同席八人。"这里记述的是巴金与鲁迅的首次相逢。

巴金还清楚地记得,那天他先到,不久,随着门帘挑动,一个面容和善、身材瘦小,而且唇髭和眉毛浓黑的长者跨了进来,后面还跟着一个人。

由于长者的形象与巴金先前在照片上所见到的一模一样，故不用介绍，巴金就确信无疑，此人必是"有笔如刀"的大作家鲁迅。果然，当大家纷纷起身与长者亲切握手时，都尊称他为"鲁迅先生"。

在吃饭的过程中，鲁迅话语风趣，显得平易近人、和蔼可亲。这让原本有些拘谨的巴金在不觉间，感到自己的心与鲁迅贴得近了。

不久之后，巴金决定到日本留学。1934年10月6日，好友黎烈文、傅东华在南京饭店设宴，为巴金饯行，鲁迅也应邀参加。席间，鲁迅谈笑风生，并特别热心地向巴金介绍日本的风土人情，讲了几个中国留学生因语言不通而闹出笑话的故事，他还鼓励巴金到日本后仍要坚持多写文章。

1935年秋，巴金回国，就任上海文化生活出版社总编辑，在工作上时常得到鲁迅的鼎力帮助。编辑"文学丛刊"时，巴金曾一度为稿源不足所困扰，鲁迅得知后，即写信向青年作家萧军约稿。在这封信中，鲁迅说：

> 有一个书店，名文化生活社，是几个写文章的人经营的，他们要出创作集一串，计十二本。愿意其中有你的一本，约五万字，可否编好给他们出版，自然是已经发表过的短篇。倘可，希于十五日以前，先将书名定好，通知我。他们可以去登广告……我认为这出版社并不坏。

三个月后，萧军的短篇小说集《羊》被文化生活出版社推出。而鲁迅所编的《凯绥·珂勒惠支版画选集》，复制的大型画册《死魂灵百图》,也都交由该出版社出版。

在退还《死魂灵百图》校样时,鲁迅于 1936 年 2 月 4 日致信巴金,就该书的编校技术问题提出了具体的意见:

> 校样已看讫,今寄上;其中改动之处还不少,改正后请再给我看一看。
>
> 里封面恐怕要排过。中国一幅小图,要制锌版;三个大字要刻起来;范围要扩大(如另作之样子那样),和里面的图画的大小相称。如果里封面和序文,都是另印,不制橡皮版的,那么,我想最好是等图印好了再弄里封面,因为这时候才知道里面的图到底有多大。

这对于正从事着编辑出版工作的巴金,无疑是最切实而具体的指导。

1935 年,《文学》杂志第五卷第六期上发表了周文的短篇小说《山坡上》。因为编辑做了较多的删改,于是作者提出抗议,遂引发了一场争论。被编辑删去的后半部,是描写历经激烈战斗幸存下来的主人公苏醒之后的一大段文字。

作者认为如果缺少了这一过程,就不符合人物性格发展的逻辑,也失去了作品原有的主题,而且捂着打出来的肠子作战并非不可能,故不应删改。作者为此请鲁迅出面主持公道。

没想到,鲁迅竟然非常认真地就"肠子爆了出来是否还可以打仗"的问题问过军医,然后劝作者在将来编印单行本时,照原稿改过来就是了。可见,鲁迅虽然知识广博,但对自己不确定的问题却采取了谨慎的态度。

在后来的一次谈话中,鲁迅对巴金说:"盘肠大战古已有之,并非新从外国输入,可见过去的编辑比今天的编辑开通。对这一类的编辑,应当要求他们'笔下留情'。"

这件事让巴金深深地懂得,任何人的知识都是有限的,而生活与文学的天地则是无限宽广的。

在文学创作的道路上,青年作家叶紫也曾得到鲁迅的关怀和指导。他是一个在鲁迅的帮助下成长起来的青年作家。当叶紫的短篇小说《丰收》出版时,鲁迅亲自作序,热情地鼓励了他的文学成绩。

叶紫经常疾病缠身,生活非常艰难。鲁迅深知这一点,时常用自己的稿费,资助这位贫病交加的青年。

一天,鲁迅怀里揣着几个烧饼,走进了叶紫的家里。

叶紫的肩上背着一个孩子,手里抱着一个孩子,伏在书桌上,紧张地进行着艺术构思。

鲁迅的突然到来,使叶紫激动万分。

"先生……"叶紫惊喜地叫道。

"你忙,你忙……"鲁迅微笑地说着,把怀里还冒着热气的烧饼,分送到两个孩子的小手上。

叶紫感激得一句话也说不出来了。

1935 年 11 月 25 日,鲁迅在致叶紫的信中说:先前那样一步九回头的作文法,是很不对的,这就是在不断地不相信自己,结果一定做不成。

鲁迅的谆谆教导,体现了晚年鲁迅对文学青年的培养与关爱。

越战越勇的文化英雄

鲁迅虽没有参加过举世闻名的两万五千里长征,却与它有着休戚相关、甘苦与共的血肉联系。

毛泽东在分析第二次国内革命战争时期,我党与国民党的斗争发展时指出:

> 作为军事"围剿"的结果的东西,是红军的北上抗日;作为文化"围剿"的结果的东西,是 1935 年"一二·九"青年革命运动的爆发。

而共产主义者的鲁迅,却正在这一"围剿"中成了中国文化革命的伟人。文化战线上的反"围剿"和军事上的反"围剿",是一个有机的整体,它们的共同结果是"全国人民的觉悟"和中国革命的走向胜利。

实际上,鲁迅就是文化战线上的红军战士和长征英雄。从 1927 年至 1936 年的 10 年中,鲁迅自觉地把自己的战斗纳入了中国共产党领导的中国革命的战斗之中。这一时期,鲁迅所写的诗文,是揭露和抨击蒋介石反动派所代表的地主买办官僚资产阶级的黑暗统治,是与红军的反"围剿"斗争紧密配合、协同作战的。

当毛泽东发动和领导了秋收起义,亲手创建了中国第一支工农红军和井冈山革命根据地,取得了第一、第二次反"围剿"的伟大胜利时,鲁迅横眉冷对国民党反动派屠杀人民的刀光剑影,写下了《湘灵歌》《无题》等革命诗篇,用"昔闻湘水碧如染,今闻湘水胭脂痕;湘灵妆成照湘水,皎如皓月窥彤云"这样的诗句,把优美的神话传说与壮丽的革命现实结合起来,生动地描绘了红色根据地生机勃勃、旌旗如画的美好景象,热情地歌颂了毛泽东缔造红军和革命根据地的丰功伟绩,倾注了对革命根据地的无比热爱和向往的深厚感情。

用"血沃中原肥劲草,寒凝大地发春华",声讨了国民党反动派反革命军事"围剿"的滔天罪行,盛赞了第一、第二次反"围剿"的伟大胜利,表达了鲁迅对中国共产党领导的红军的无比热爱。

1934年5月,在日寇开始进犯华北,蒋介石亲率百万反革命武装,对江西红色根据地实行第五次"围剿"时,眼看着由于王明"左"倾机会主义路线的错误领导,未能打破敌人的"围剿",而白区的党的力量也受到了极端严重的损失,鲁迅又写了《无题》诗一首:

> 万家墨面没蒿莱,敢有歌吟动地哀。
>
> 心事浩茫连广宇,于无声处听惊雷。

表现出鲁迅对革命遭受挫折的沉重心情和压迫愈大反抗愈烈,革命的风雷必将怒吼起来,彻底摧毁黑暗的旧世界的坚定信念。

1932年,陈赓因战斗负伤,党把他送到上海治疗。鲁迅知道后,就托人邀请陈赓到自己家里,作了一次促膝长谈。

鲁迅热切地请求陈赓同志给他详细地谈谈红军和革命根据地人民的斗争情况,如:怎样以英勇的战斗粉碎了敌人的"围剿"？怎样不断巩固和扩大革命根据地？怎样打土豪、分田地？怎样建立工农民主政权和改善人民生活等。

当陈赓谈到红军可歌可泣、英勇顽强的斗争情况时，鲁迅遏制不住地连连问道：根据地人民是怎样支援红军的？红军是怎样作战的？等等。

陈赓为了生动具体地说明问题，就一边讲红军作战的英雄事迹，一边信手在一张小纸上画了幅红军作战形势草图。没想到，这张草图竟被鲁迅视为至宝珍藏了起来。

鲁迅心中激荡着的一个美好愿望：写一部《铁流》式的反映红军英勇斗争的长篇小说。可由于当时种种条件的限制而未能实现，但他毕竟借翻译法捷耶夫的小说《毁灭》，来激励和鼓舞中国的红军战士去创造新的业绩。

红军被迫进行万里长征以后，鲁迅身在白色恐怖下的上海，心却随着红军战士的铁脚板，飞驰在湘江、赤水、雪山、草地，无时不在殷切地关注着长征的进程，盼望着革命的胜利。

为了及时掌握情况，知彼知己地同国民党反动派作斗争，鲁迅每天都让许广平多买回几种报纸来，用"正面文章反看法"进行研究、揣摸，从敌人对红军的诬蔑、咒骂中，测知红军冲破"帝国主义和蒋介石围追堵截"而胜利进军的情况。

红军长征胜利到达陕北后，身患重病而战斗不息的鲁迅，抑制不住内心的兴奋和激动，立即给毛泽东和党中央发了祝捷电报，热情洋溢地说出了中国人民和世界人民的心里话：

　　在你们身上，寄托着人类和中国的将来。

尽管当时鲁迅所在的上海，还沉浸在国民党反动统治的漫漫黑夜之中，但是他从长征的胜利看到了抗日战争即将出现的新局面，想到伟大领袖毛主席时，他的眼前便顿时光明起来，仿佛在茫茫夜色中，看见曙光就在前头。

这使鲁迅热血沸腾，浮想联翩，情不自禁地在《亥年残秋偶作》里，写下了"竦听荒鸡偏阒寂，起看星斗正阑干"。意思是说：尽管近处一片黑暗寂静，听不到鸡鸣，但毕竟是北斗横斜，天快亮了！鲁迅以乐观、坚定的情绪，表达了对革命前途的坚定信心。

为了给毛泽东和红军战士们洗征尘、庆胜利，鲁迅怀着深厚的无产阶级感情，买了两只火腿，托人从上海冲破层层封锁捎往陕北，送给毛泽东和党中央。充分表达了鲁迅热爱毛主席、热爱党、热爱红军战士的真切心情。

1936 年，鲁迅在反击托洛茨基派攻击毛泽东革命路线的无耻谰言时，这种真切的心情就表达得更加充分和深刻了。鲁迅说："那切切实实，足踏在地上，为着现在中国人的生存而流血奋斗者，我得引为同志，是自以为光荣的。"

鲁迅与红军长征的血肉联系，为我们树立了无产阶级作家与中国革命同呼吸共命运，革命文艺与革命总战线息息相关的光辉榜样。

为青年作家仗义执言

1934年,国民党反动政府为了实行文化封锁,成立了"图书杂志审查委员会",对所有出版物的原稿,强迫进行审查。

鲁迅的著作被查禁的就有十二种。《自选集》虽然是鲁迅几十年前的作品,那时国民党还未当权,但还是无一例外地被查禁了。

许多书店都不敢印刷鲁迅的书籍,杂志社也不敢再轻易收鲁迅的稿件了。但是鲁迅并没有因此而停笔。他利用各种关系,不断地变换笔名和笔法,继续给《自由谈》等刊物投稿,而且逐渐扩大范围,给《中华日报》副刊等多种报刊写些文章,给无声的中国,掷出匕首和投枪般的文字。

鲁迅把这一年的短评编成了一册《花边文学》。他在《花边文学》中说:"因为'花边'是银元的别名,有人说我的这些文章是为了稿费,其实并无足取!"

鲁迅还把这一年的其他文章集成了《且介亭杂文》一书。因为鲁迅住的上海北四川路,是帝国主义的"半租界","且"是"租"字的一半,"介"是"界"的一半,"亭"是指上海老房子的"亭子间",意思是,在半租界的亭子间里写的杂文。

因为鲁迅经常变换笔名,而一些青年作者的名字,在当时又多是比较陌生的,这就引起了那些"专门用嗅觉看文章的人"的疑神疑鬼、胡乱猜测,常把青年作者的文章看成是鲁迅的作品,指桑骂槐地攻击鲁迅。

有一个叫唐弢的青年作家,他的文章风格和鲁迅的很相似,他写的杂文常常被人当成是鲁迅写的,以致鲁迅常常替他挨骂。

唐弢一直很想当面去向鲁迅道歉,但是他又非常敬畏鲁迅,很害怕鲁迅生气,并批评他。

正当唐弢想见又不敢见鲁迅的时候,在一次《自由谈》编辑部的聚会上,他意外地见到了鲁迅。在他们互相通了姓名以后,鲁迅笑着说:"噢,你就是唐弢先生,你写文章,我可在替你挨骂哟!"

唐弢立刻紧张起来,以为真是要挨骂了,结结巴巴,不知说什么好。

鲁迅看着他的样子,笑了,亲切地问他:"你真的姓唐吗?"

"真……真姓唐。"唐弢说。

"哦,我姓过一回唐。"鲁迅看着他,十分高兴地哈哈笑了起来。

在场的人,先是一怔,接着就明白了。原来鲁迅说的是自己曾用过"唐俟"的笔名。

于是,大家都笑起来了。

唐弢心头的疑云消散了,并深深地被鲁迅的平易近人、和蔼可亲所感动。

当鲁迅愈战愈猛时,他原有的肺病日渐严重。1935年底,他的健康已大不如前,许多亲友劝他住医院,或易地疗养,但他为了战斗,不愿离开自己的岗位。

1936年,鲁迅虽在病中,但依然勤奋工作,写了许多文章和书信。《且介亭杂文末编》就是最后一年文章的结集。年初,鲁迅的杂文继续强调抗日救国,控诉国民党反动派的种种罪行,提醒人们要记住历史的教训,保持革命的警惕性。

4月底,当鲁迅会见从陕北奉中共中央之命来到上海的冯雪峰,听到他传达党中央关于抗日民族统一战线的政策时,他心悦诚服,完全拥护,明确表示"我无条件地加入这战线"。

鲁迅还发表了《论现在我们的文学运动》,提出"民族革命战争的大众文学"的口号,正确阐述统一战线与文学运动的关系。

中国左翼作家联盟于1936年解散后,某些左翼文艺运动的领导人另组文艺家协会,提出"国防文学"的口号。

"国防文学"口号的提出和"中国文艺家协会"的成立,对于文艺界建立抗日民族统一战线,促进救亡图存的事业,是具有重大的意义和作用的。

但是鲁迅认为这一口号有缺点,另提出了"民族革命战争的大众文学"的口号,并且没有加入文艺家协会。

对于鲁迅的这种态度,也没有加入文艺家协会的巴金和黎烈文给予旗帜鲜明的支持。他们俩各起草了一份宣言,然后由黎烈文带着这两份宣言草稿,去向病中的鲁迅征求意见。

黎烈文遵照鲁迅的意见,当场将两份宣言合并抄写成一份之后,鲁迅在定稿的抄件上签了名。尔后,巴金和黎烈文又把这份宣言复写了几份,以《作家》《译文》等杂志社的名义分头征集签名,得到了茅盾、曹禺、靳以、曹靖华、鲁彦、萧军、萧红、唐弢、萧乾、胡风、欧阳山和张天翼等七十七人的响应。

然而,鲁迅的态度却引起某些左翼人士的不满。徐懋庸为此致信鲁迅,在对他进行批评的同时,也攻击了巴金、胡风和黄源等人。

　　当时鲁迅正在病中,因此就请冯雪峰代笔,拟出《答徐懋庸并关于抗日统一战线问题》一文,然后经鲁迅过目修改定稿。文中表明了鲁迅拥护中国共产党提出的建立抗日民族统一战线的坚定立场,同时也反击了徐懋庸对巴金、胡风和黄源等人的攻击。

　　当巴金被《作家》月刊主编孟十还告知,《答徐懋庸并关于抗日统一战线问题》一文及所附徐懋庸致鲁迅的信,即将在该刊第一卷第五期上发表时,他连忙赶到科学印刷所,看了正在排版中的这两封信的原稿。

　　在《答徐懋庸并关于抗日统一战线问题》一文中,有一段鲁迅亲自添加的话:

　　　　巴金是一个有热情的有进步思想的作家,在屈指可数的好作家之列的作家,他固然有"安那其主义者"之称,但他并没有反对我们的运动,还曾经列名于文艺工作者联名的战斗的宣言……这样的译者和作家要来参加抗日的统一战线,我们是欢迎的,我真不懂徐懋庸等类为什么要说他们是"卑劣"?……难道连西班牙的"安那其"的破坏革命,也要巴金负责?

　　读到这里,巴金感动得热泪盈眶,他没有料到自己与之交往时间不太长的鲁迅先生,竟然会为了他挺身而出、仗义执言。

　　鲁迅发表的《答徐懋庸并关于抗日统一战线问题》,正确处理了民族矛盾与阶级矛盾的关系,坚持统一战线中必要的阶级斗争和无产阶级的领导权。

同年 10 月,由鲁迅、郭沫若、茅盾、巴金等二十一人,代表文艺界的各个方面,发表宣言,终于结束论争,初步形成了文艺界的抗日统一战线。

战斗到生命的最后一息

晚年的鲁迅也适当地养生,嗜烟饮酒也受到夫人许广平的有效控制,但往年积劳向晚年鲁迅连本带息地索要昂值,鲁迅疾患不断,看病的次数明显增多。但再多不过是敷衍,他自己也是个焦躁的病人,医药仅成安慰剂。鲁迅依旧透支着自己的生命。

1936 年 3 月,鲁迅又病了,他靠在二楼的躺椅上,心脏跳动得比平日厉害,脸色微灰了一点。

夫人许广平正相反,脸色是红的,眼睛显得大了,讲话的声音是平静的,态度并没有比平日慌张。有一天,许广平一走进客厅,就对萧红说:"周先生病了,气喘,喘得厉害,在楼上靠在躺椅上。"

鲁迅呼喘的声音,不用走到他的身边,一进了卧室就听得到的。鼻子和胡须在扇着,胸部一起一落。眼睛闭着,差不多永久不离开手的纸烟,也放弃了。藤椅后边靠着枕头,鲁迅的头有些向后,两只手空闲地垂着。眉头仍和平日一样没有聚皱,脸上是平静的、舒展的,似乎并没有任何痛苦加在身上。

鲁迅坐在躺椅上,沉静地,不动地闭着眼睛,略微灰了的脸色被炉里的火染红了一点。纸烟听子放在书桌上,盖着盖子,茶杯也放在桌子上。呼喘把鲁迅的胸部有规律性地抬得高高的。

鲁迅必须得休息了,可是他从此不但没有休息,并且脑子里想得更多了,要做的事情都像非立刻就做不可,校《海上述林》的校样,印珂勒惠支的画,翻译《死魂灵》下部,刚好,这些就都一起开始了,还计算着出三十集。鲁迅感到自己的身体不好,就更没有时间注意身体,所以要多作,赶快作。

当时大家不解其中的意思,都以为鲁迅不注意休息是不以为然,后来读了鲁迅先生《死》的那篇文章才了然了。

鲁迅知道自己的健康状况不佳了,工作的时间没有几年了,但认为死了是不要紧的,只要能留给人类更多的东西。不久,书桌上德文字典和日文字典都摆起来了,果戈理的《死魂灵》,又开始翻译了。

鲁迅在临近死亡的威胁下,没有丝毫的沮丧、忧愁,他以坚忍不拔的意志更加快了工作速度。

鲁迅的身体不好,容易伤风,伤风之后,照常要陪客人、回信、校稿子。所以伤风之后总要拖下去一个月或半个月的。

瞿秋白的《海上述林》校样,1935 年冬至 1936 年春,鲁迅先生不断地校着,几十万字的校样,要看三遍,而印刷所送校样来总是十页八页的,并不是一起送来。所以鲁迅不断地被这校样催索着,然而鲁迅竟说:"看吧! 一边陪着你们谈话,一边看校样,眼睛可以看,耳朵可以听。"

有时客人来了,一边说着笑话,鲁迅一边放下了笔,有的时候也说:"几个字了,请坐一坐。"

1936年春,鲁迅的身体不大好,但没有什么病,吃过了夜饭,坐在躺椅上,总要闭一闭眼睛沉静一会儿。

许广平对萧红说,周先生在北平时,有时开着玩笑,手按着桌子一跃就能够跃过去,而近年来没有这么做过,大概没有以前那么灵便了。

来看鲁迅的人,多半都不到楼上来了,为的是能让先生好好地静养,所以把客人这些事也推到夫人许广平身上来了。还有书、报、信,都要许广平看过,必要的就告诉鲁迅先生,不十分必要的,就先把它放在一处,等鲁迅好些了再取出来交给他。

收电灯费的来了,在楼下一打门,许广平就得赶快往楼下跑,怕的是再多打几下,就要惊醒了先生。

海婴最喜欢听讲故事,许广平除了陪海婴讲故事之外,还要在长桌上偷一点工夫,来看先生为有病耽搁下来尚未校完的校样。

1936年,鲁迅在病重期间,给瞿秋白的妻子杨之华写了一封信,信中说:

尹兄:

六月十六日信收到。以前的几封信,也收到的,但因杂事多,而所遇事情,无不倭支葛搭,所谓小英雄们,其实又大抵婆婆妈妈,令人心绪很恶劣,连写信讲讲的勇气也没有了。今年文坛上起了一种变化,但是招牌而已,货色依旧。

今年生了两场大病,第一场不过半个月就医好了,第二场到今天十足两个月,还在发热,据医生说,月底可以退尽。其间有一时期,真是几乎要死掉了,然而终于不死,殊为可惜。当病发时,新英雄们正要用伟大的旗子,杀我祭旗,然而没有办妥,愈令我看穿了许多人的本相。本月底或下月初起,我想离开上海两三个月,作转地疗养,在这里,真要逼死人。

大家都好的。茅先生很忙。海婴刁钻了起来,知道了铜板可以买东西,街头可以买零食,这是进了幼稚园以后的成绩。

……

秋的遗文,后经再商,终于决定先印翻译。早由我编好,第一本论文,约三十余万字,已排好付印,不久可出。第二本为戏曲小说等,约二十五万字,则被排字者拖延,半年未排到一半。其中以高尔基作品为多。译者早已死掉了,编者也几乎死掉了,作者也已经死掉了,而区区一本书,在中国竟半年不能出版,真令人发恨(但论者一定倒说我发脾气)。不过,无论如何,这两本,今年内是一定要印它出来的。

……我不要德文杂志及小说,因为没力气看,这回一病之后,精力恐怕要大不如前了。多写字也要发热,故信止于此。俟后再谈。

迅 上

七月十七日

这是 1936 年 7 月 17 日,鲁迅写给瞿秋白的妻子杨之华的一封回信。鲁迅与瞿秋白夫妇的书信往来,是他们彼此间长期交往的重要方式。

瞿秋白牺牲后,1935 年 9 月初,夫人杨之华在中国共产党驻共产国际代表团的安排下,与陈云、陈潭秋、曾山等离开党组织屡遭破坏、处境危险的上海前往苏联。此后,杨之华仍继续与鲁迅保持着书信联系。

鲁迅在信中还特别提到他抱病从事的一项具有重要意义的工作,即抓紧时间整理出了瞿秋白的遗译、遗著,也就是著名的《海上述林》,并已经或准备交付印行。

通过鲁迅信中的叙述,使人感到鲁迅非常盼望此书能早日出版的迫切心情。牺牲在反动派枪口下的瞿秋白是鲁迅最亲密的战友,此时病中的鲁迅为纪念缅怀牺牲的战友,付出了如此之多的心血和努力。这其中表现出鲁迅坚强的精神与毅力。

冯雪峰对此回忆说:

1936年我回上海,鲁迅先生也是谈到什么问题都会不知不觉提到秋白同志的。特别是"至今文艺界还没有第二个人"。这句不自觉地流露了对于牺牲了的战友的痛惜与怀念情绪的话,我一想起就感到了痛苦。那时候鲁迅先生自己也在病中。

在逝世前,撑持着病体,又在当时那么坏的环境里,编、校并出版了秋白同志的遗译、遗著《海上述林》两大卷的鲁迅先生的心情,我想我们是能够了解的,应该了解的。

晚年的鲁迅的真实思想,基本上都通过这封家长里短、自画像式的信函展现在人们面前。当然,这封信仅是写给杨之华的,此时处于苦恼、郁闷中的鲁迅,内心的积郁也只能同自己知心的战友来诉说,可见鲁迅与瞿秋白夫妇间的深厚情谊。

举行隆重葬礼送英魂

1936 年初,在严寒的气候中,鲁迅的病情加重,肩膀和两肋开始疼痛,气喘,发烧。

虽然宋庆龄和美国作家史沫特莱等人劝鲁迅出国疗养,但他却认为:"自己这时还有一支笔可用,不能洁身远去。"他"或者知道病入膏肓,无法挽救,索性在有限的光阴,加紧工作,因而对工作和病体,都采取战斗式的罢"。许广平这样描绘,鲁迅"用小跑步走完他的毕生"。

6 月以后,病情更令人担忧。鲁迅在自己的日记中追述说,自 5 日以后,"日渐委顿,终至艰于坐起遂不复记"。连一向坚持的日记都不能记了。来访的客人不能一一会见,只得由夫人许广平做耐心解释和转达意见。

对于一再恶化的病情,鲁迅心里还是有数的。他在利用已经不多的时间加紧工作的同时,对身后之事,也作了一些考虑。在病中,鲁迅写下了随笔《死》一文,刊于 1936 年《中流》杂志第二期。在文中,鲁迅写道:

> 欧洲人临死时,往往有一种仪式,是请别人宽恕,自己也宽恕了别人。我的怨敌可谓多矣,倘有新式的人问起我来,怎么回答呢? 我想了一想,决定的是:让他们怨恨去,我也一个都不宽恕。

鲁迅还为自己拟了七条遗嘱:

一、不得因为丧事,收受任何人的一文钱。——但老朋友的,不在此例。

二、赶快收殓,埋掉,拉倒。

三、不要做任何关于纪念的事情。

四、忘记我,管自己的生活。——倘不,那就真是胡涂虫。

五、孩子长大,倘无才能,可寻点小事情过活,万不可去做空头文学家或美术家。

六、别人应许给你的事物,不可当真。

七、损着别人的牙眼,却反对报复,主张宽容的人,万勿和他接近。

1936年10月17日,鲁迅病情急剧加重。到18日清晨6时30分左右,他自觉情况危急,强行支撑坐起,给日本友人内山完造写了一封短信,通知他"不能践10点钟的约",并要他速请医生。

内山完造和须藤医生匆忙赶来为其注射服药。但鲁迅的病情仍未有好转,除气喘咳嗽加剧外,双足冰冷,两手指甲发紫。

午后,须藤又请福民医院的淞井博士和石井医院的石井医生前来会诊,并请护士田岛专门护理。

几位医生会诊后,决定在注射强心针的同时,每隔三十分钟给鲁迅吸入酸素,以帮助他呼吸。医生认为,如治疗后两日内病情不恶化,即可度过危险期。

18日整个一天,虽然有医生全力抢救,但鲁迅的病情不断加剧。他躺在床上,喘息不止,呼吸困难,几乎不能说话。

上午当天的报纸来后,鲁迅仍挣扎着戴上眼镜,将报上的《译文》广告细细浏览一遍才放下,此后就一直处于时而清醒、时而昏迷的状态。

10月19日晨5时许,鲁迅的病情突然恶化,气喘加剧,呼吸急促,经注射强心剂后,仍然无效。

5时25分,鲁迅的心脏停止了跳动。不一会儿,两个日本女护士走来,其中一人伸开双手隔着棉被,用力振动鲁迅的胸膛,左右摇动,上下振动,想通过振动的方法使其心脏重新跳动。然而,这一切都无济于事了。

10月19日凌晨鲁迅逝世后,在他居住的二楼卧室设置了临时灵堂。鲁迅身上盖着一床粉红色的棉丝被,脸上蒙着一块洁白的纱巾。

离鲁迅床头靠窗的是一张半旧书桌,上面杂乱地堆放着书籍、手稿,两支毛笔挺然地立在笔筒内,旁边是一只有盖的瓷茶盅。

桌子横头放着鲁迅常坐的藤躺椅,床头床脚各有一架小书柜,墙上挂着一些木刻和油画。

许广平首先将鲁迅逝世的消息通知了胡风,紧接着冯雪峰、宋庆龄也先后赶来吊唁。

冯雪峰与许广平、周建人、宋庆龄等人商量后,作出两项决定:

第一,由内山完造联系万国殡仪馆承办出殡事宜。

第二,立即成立治丧委员会,并拟出九人名单:蔡元培、马相伯、宋庆龄、毛泽东、内山完造、史沫特莱、沈钧儒、茅盾、萧三。

这个名单见报时,除上海一家外国人办的《上海日日新闻》日文、中文版全文照登外,其他各家报纸都删去了毛泽东的名字。

这时,匆匆赶来一位名叫奥田杏花的日本雕塑家,他走近鲁迅床前,伏身打开箱子,从瓶子里挖出黄色黏厚的凡士林油涂在鲁迅的面颊上,再用调好的白色石膏糊,用手指和刮刀一层层揉匀,间或薄敷细纱布,直至呈现平整的半圆形状。

等待了半个小时,奥田托着面具边缘慢慢向上托起,面具上同时粘脱了十多根鲁迅的眉毛和胡子,鲁迅的面模做成了。当时又将面模翻注一具,交由鲁迅亲人留作纪念。

上面带有鲁迅的七根胡子,它不仅是鲁迅身体上的遗物,更重要的是保留了鲁迅的DNA。这就是目前陈列在上海鲁迅纪念馆的被定为国家一级文物的鲁迅面模。

8时以后,前来吊唁的人渐渐多起来,鲁迅的朋友、学生纷纷赶来。

他们当中有沈钧儒、夏丏尊、巴金、赵家璧、孟十还、柯灵等人。他们默默地走上二楼的卧室,瞻仰鲁迅遗容。

萧军径直扑到鲁迅床前,跪倒在地,号啕大哭。一直守在父亲灵前的周海婴,在多年以后回忆起这一场景时无限感慨地说:

> 这位重友谊的关东大汉,前不几天还和父亲一起谈笑盘桓,为父亲消愁解闷呢!而今天只有用这种方式来表达他对父亲的感情了。我不记得这种情景持续了多久,也记不得是谁扶他起来,劝住他的哭泣的。但这最后诀别的一幕,从此在我脑海中凝结,虽然时光像流水一般逝去,始终难以忘怀。

14时,得到消息的上海明星电影公司派欧阳予倩、程步高、姚萃农等人,来到鲁迅寓所拍下鲁迅遗体、卧室的镜头。15时,在内山完造的安排下,万国殡仪馆来车运走鲁迅的遗体。

鲁迅逝世的噩耗在国内外引起巨大反响。各界人士的唁函、唁电如雪片飞来。为了悼念这位中国文化革命主将、中国共产党的亲密战友,中共中央和苏维埃中央政府连续发出三份电报,一份发给许广平,一份发给国民党政府,还有一份为《告全国同胞和全世界人士书》。电报对鲁迅的逝世表示了哀悼:

> 本党与苏维埃政府及全苏区人民,尤为我中华民族失去最伟大的文学家,热忱追求光明的导师,献身于抗日救国的非凡领袖,共产主义苏维埃运动之亲爱的战友,而同声哀悼。

同时,对鲁迅给予了高度评价:

> 做了中华民族一切忠实儿女的模范,做了一个为民族解放、社会解放、为世界和平而奋斗的文人模范……他唤起了无数的人们走上革命的大道,他扶助着青年们,使他们成为像他一样的革命战士,他在中国革命运动中立下了超人一等的功绩。

中共中央还要求南京国民党政府给鲁迅以国葬的待遇,并付国史馆列传,废止一切禁止言论出版自由的法令。

根据各界群众的意愿和鲁迅家属的意见,治丧委员会决定,10月20日、21日两天和22日上午,为各界人士吊唁、瞻仰鲁迅遗容时间;22日下午出殡,安葬于万国公墓。

10月19日下午,鲁迅遗体安放在殡仪馆大厅二楼。当晚,胡风、黄源、雨田、萧军四人留在遗体前守灵。

第二天一早,鲁迅遗体经殡仪馆工作人员稍加化妆后,移至楼下大厅。

殡仪馆职员为鲁迅更衣,内穿白绸礼衫裤,白袜黑鞋,外加薄棉咖啡色袄裤及长袍,外面加以同色棉衾,上覆绯色彩绣锦被。然后由许广平、周海婴扶首,周建人及女儿扶足,安置于棺内。棺为红色楠木,西式制作,四周有铜环,上加内盖,半系玻璃,露出头部,供人瞻仰。

9时,各界瞻仰遗容和吊唁开始。灵堂四壁悬挂着各界人士所赠挽联、挽词,门首缀以鲜花和布额,上书"失我良师"四个大字。

鲁迅遗体身着咖啡色绸袍,覆深色锦被,两颊瘦削,神采如生。遗体后为灵桌,上供鲁迅八寸遗像一幅,四周有各界人士送的鲜花、瓶花及花圈,室内窗户均悬绒帘,一派庄严肃穆的气氛。

前来吊唁的人群络绎不断,宋庆龄、何香凝、苏联驻华大使以及上海文艺界的知名人士均亲来吊唁。

来得最多是青年学生,他们大多读过鲁迅的作品,对鲁迅充满敬仰之情,闻讯后结队前来瞻仰这位青年学生的导师。

10月22日13时50分,在胶州路上的万国殡仪馆,民众自发地为鲁迅举行了"启灵"仪式。鲁迅的亲友及治丧委员会成员宋庆龄、蔡元培、内山完造、沈钧儒等三十余人,肃立棺前,默哀,行三鞠躬礼。

就在盖棺前五分钟,著名画家司徒乔为鲁迅作了最后一幅速写像。然后由殡仪馆职员将棺盖封严,全体绕棺一周。接着,由黄源、姚克、孟十还、萧军、欧阳山、聂绀弩、胡风、周文、吴朗西、巴金、靳以、黎烈文、张天翼、曹白、鹿地亘(日本作家)等人扶柩出礼堂,移至灵车内,执绋者随车而行,聚至大门外整队。

14 时 30 分,送殡队伍出发。原拟定的路线是要经过上海的繁华区,但由于租界当局和国民党上海当局的反对,只好改为较冷僻的路线行进。其路线为胶州路、极司菲尔路、地丰路、大西路到虹桥路。

走在送殡队伍最前面的是作家蒋牧良、欧阳山,他们执掌着由张天翼手书的横额"鲁迅先生殡仪"。

在送葬的队伍中,最引人注目的是一幅鲁迅的遗像,它是由画家司徒乔画在一块大白布上,其形象刚毅、坚定,栩栩如生。

随后是鲁迅的两位侄女恭扶的鲁迅遗照,再后面是灵车。许广平、周海婴、周建人、宋庆龄、蔡元培、沈钧儒等人分乘四辆汽车跟随其后。女作家草明等人陪伴着悲伤至极的许广平。

租界当局和国民党上海市政府迫于鲁迅在民众中的崇高威望和舆论压力,不敢公开禁止,就派出大批的巡捕和警察对送殡队伍进行监视。

但是,送殡队伍所到之处,无数的市民伫立街头,悄然默哀。更有数不清的工人、学生,甚至小学生,加入到送葬队伍之中,使队伍出发时的六千余人很快扩大至几万人。

一路上不断有人散发纪念鲁迅的传单,高呼继承鲁迅的遗志、打倒帝国主义的口号。

16 时 30 分,送葬队伍抵达万国公墓,在礼堂前举行了追悼会。蔡元培主持礼仪,沈钧儒致悼词,介绍鲁迅生平及成就。

宋庆龄、内山完造、胡愈之等发表演讲,批评国民党政府迫害鲁迅。

最后由萧军代表"治丧办事处"同人和鲁迅晚年比较关心

的《译文》等四个杂志同人作了简短的致辞。

在三鞠躬、默哀、挽歌声中，救国会的王造时、李公朴等人将一面由沈钧儒亲笔手书的白底黑字"民族魂"旗帜覆盖在棺木上，移置东首墓地，徐徐安置穴中，盖上石板并填土。明星电影公司专门派人跟踪拍摄了镜头，为后人留下了珍贵的历史资料。

临别，冯雪峰紧紧握住许广平的手安慰道："将来等革命胜利后，我们一定为周先生举行隆重的国葬。"

1956年，上海市人民政府举行隆重的仪式，将鲁迅的灵柩从万国公墓迁葬上海虹口公园。

在挺拔肃穆的白玉兰掩映下，鲁迅的坐像巍然屹立，毛泽东亲笔题写"鲁迅先生之墓"六个大字。

鲁迅光辉的一生，得到了全国人民的崇高评价。毛泽东在《新民主主义论》中说：

> 鲁迅是中国文化革命的主将，他不但是伟大的文学家，而且是伟大的思想家和伟大的革命家。鲁迅的骨头是最硬的。他没有丝毫的奴颜和媚骨，这是殖民地半殖民地人民最可宝贵的性格。

> 鲁迅是在文化战线上，代表全民族的大多数，向着敌人冲锋陷阵的最正确、最勇敢、最坚决、最忠实、最热忱的空前的民族英雄。鲁迅的方向，就是中华民族新文化的方向。

鲁迅给祖国和人民留下了宝贵而丰富的精神遗产。他这一生所追求的就是民族的未来，祖国的前途，而从未考虑过个人的得失。鲁迅先生是中华民族之魂，是中华民族的脊梁。